Andrea Riemer
Botschaften vom Leben

Andrea Riemer

Botschaften vom Leben

Marie, das Leben, die Liebe und der Tod

dielus edition
Bücher für ein besseres Leben

Botschaften vom Leben, Andrea Riemer
© 2018 dielus edition Leipzig, Impressum siehe: www.dielus.com
Alle Rechte vorbehalten.

Umschlagabbildung:	©iStock.com/alxpin
Illustration:	©iStock.com/photka, ©iStock.com/enjoynz
Lektorat/Korrektorat:	Maren Klingelhöfer, www.maren-klingelhoefer.de
Porträtfoto der Autorin:	Gerd Eiltzer
ISBN:	978-3-9818928-6-4

Bibliografische Information der Deutschen Bibliothek: Die Deutsche Bibliothek verzeichnet diese Publikation in der Deutschen Nationalbibliografie; detaillier-te bibliografische Daten sind im Internet abrufbar über https://portal.d-nb.de.

INHALTSVERZEICHNIS

VORWORT

Das Leben überbringt die großartigsten Botschaften, wenn man bereit ist, diese wahrzunehmen. Der Weg vom Lebensleid zum Lebensglück ist dabei das größte Abenteuer im menschlichen Dasein. Gleichzeitig ist es eine hohe Kunst, dieses Abenteuer zu meistern.

Es ist das Wechselspiel zwischen dem Abstieg in die tiefsten Tiefen und dem Aufstieg in höchste Höhen, das nie endet und das wir als Sein, das Leben und Tod umfasst, bezeichnen. Beide Extreme bringen uns näher zu einem geglückten Dasein, wenn wir erkennen, was sich hinter allen Botschaften, die wir täglich erhalten, verbirgt. Unser Sein ist in diesem Prozess wie einatmen und ausatmen. Eines bedingt das andere und macht es ganz. Es ist der Tanz von Leben und Tod, der dieses Sein im eigentlichen Sinn ausmacht.

Die Liebe ist dabei verbindender Bestandteil – auch wenn wir sie oft nicht wahrnehmen können oder wollen. Sie ist immer da. Das Leben, die Liebe und der Tod – all das und manches mehr macht unser Sein in seiner Ganzheit aus.

Dieses Buch ist ein leidenschaftliches Plädoyer, unser Sein als Ganzes anzunehmen. Dann erst ist auch ein geglücktes Leben möglich. Das Buch ist ein Plädoyer, bei allen Schwierigkeiten immer wieder die Liebe im Erfahrenen zu erkennen, gleich wie wir den Einzelfall bewerten.

Die Gedanken mögen Inspiration für ein besseres, ein geglücktes, ein umfassendes Leben sein. Denn: Das Leben ist immer an unserer Seite.

Andrea Riemer

WIDERSPRÜCHE

Marie – wer war sie, diese eine, diese andere, diese sich ständig Verändernde? Für sie passende Worte zu finden ist eine Herausforderung, denn sie war eine Meisterin im Sichentziehen. Herkömmliche Kategorien, Normen und Regeln galten für sie kaum.

War sie ein Chamäleon? Oder war sie eine, die immer die Nase vorne hatte und nirgends dazugehörte, weil sie dies tief in sich gar nicht wollte? Eine, die höher, weiter, schneller lief und die keine Niederlage aufhalten konnte? Eine, die in ihrem Bereich alles erreicht hatte und ausbrach? Eine, die auch für ihre Neuerfindung Zeit brauchte? Marie, die Rätselhafte? Marie, die Mystische? Marie, die ewig Suchende? Marie, die sich dauernd Verwandelnde? Marie, der lebende Widerspruch zwischen Rebellion und Anpassung, zwischen Herz und Verstand?

Ein paar Eckdaten gefällig? Marie war eine Frau um die fünfzig, Karrieresingle aus Überzeugung, eine mehrfach begabte Intellektuelle mit einem Hang zum Künstlerischen. Da stand sie, meistens ein wenig unzufrieden mit ihrem Aussehen: Es könnte doch alles noch ein wenig eleganter und schlanker sein, ebenmäßiger – es könnte ja noch etwas perfekter sein. Immer gab es für sie etwas an sich herumzumäkeln und zu verändern, zu verbessern. Es war fast wie ein Zwang, dieser Veränderungswille, dieser Wille zum anderen. Nur um des Andersseins willen? Darauf gab Marie keine Antwort, auch wenn man sie dies oft fragte. Vielleicht, weil sie keine Antwort auf diese nahezu manische Veränderungswut in ihrem Leben wusste. Sie musste immer in Bewegung sein. Einmal stillsitzen – eine absolute Qual für sie. Sie war wie Quecksilber, merkurisch durch und durch.

So verspürte sie eine Bewegungswut auf allen Ebenen ihres Seins, wollte immer weitergehen – und hatte doch da und dort den Wunsch nach Stabilität, nach Stetigkeit, nach mittlerer Flughöhe, nach Ruhe und Geborgenheit. Dieser Wunsch war vor allem dann in ihr, wenn sie wieder einmal erschöpft oder krank war. Doch kaum ging es ihr wieder besser, wies sie diesen kleinen, dezenten Wunsch brüsk von sich. Weiter in der Symphonie, weiter im Text … aufwärts schauen, vorwärtsgehen, in Bewegung sein. So liebte sie es und so wurde sie auch geliebt, bewundert und verehrt. Aufgrund dessen wurde sie auch beneidet, ausgegrenzt, an den Rand geschoben und ignoriert. Widersprüche und Bewegung waren ihr Lebenselixier und ihr Erfolgsrezept.

Marie war zutiefst in den Generationenkonflikt verstrickt. Deshalb versuchte sie auch oft, wie die anderen zu sein, um zu beeindrucken und um wahrgenommen zu werden. Sie war eine Meisterin der geschliffenen Rede und der intelligenten Gespräche.

Sie tat, was ihre Eltern von ihr erwarteten und wendete geschickt einen Kunstgriff nach dem anderen an, um sich ihren Freiraum zu erkämpfen. Marie hatte sich ihren Weg mit Herzblut, Schweiß, Tränen und Willenskraft gebahnt. Sie konnte fabelhaft mit allen Arten des Leidens umgehen. Marie war unglaublich stolz darauf, was sie bisher alles geschafft hatte.

Doch in ihrer Familie und ihrem Umfeld war Marie immer eine Außenseiterin. So sehr sie versuchte, sich anzupassen, um dazuzugehören, so sehr scheiterte sie damit. Bis sie begriff – sie gehörte nirgends dazu und musste sich ihre Strukturen und ihre Inhalte selbst erschaffen. Das war im ersten Moment eine schmerzhafte Erkenntnis, die ihr, immer wenn sie wieder einmal ergebnislos versuchte, sich anzupassen, mehr und mehr bewusst wurde. Der Wunsch, Teil von etwas sehr Unspezifischem, mehr Gefühltem als Konkretem zu sein, brannte lange in ihr, bis sie ihn aufgab und sich ihrer dauernden Wandlung aussetzte.

Kinder, ja – auch. Marie war nie eine klassische Mutter, die gluckte und ihre beiden Söhne besitzen wollte. Sie wollte Vorbild sein und Freundin. Ob das der richtige Zugang war? Sie war davon überzeugt. Doch die Kinder honorierten dies nicht. Sie gingen ihre eigenen Wege, beleidigt und enttäuscht von Marie als Mutter. Zu anders war Maries Weg. Es waren schwierige Zeiten für Marie, als sie begriff, dass sie

ANDREA RIEMER

die Kinder zwar zur Welt gebracht hatte, sie jedoch völlig anders waren als sie selbst. Nicht sie als Mutter, sondern die Art und Weise, wie sie ihr Leben lebte und frei gestaltete, wurde von ihren Söhnen überdeutlich abgelehnt. Sie war ihnen nicht geheuer. Sie war ihnen viel zu beweglich, veränderte sich viel zu rasch. In den Kategorien ihrer Kinder war sie einfach nicht fassbar. Also brachen sie irgendwann aus nichtigem Anlass den Kontakt ab. Davor gab es bereits reichlich Stoff für Diskussionen. Marie ließ sie gewähren und wehrte sich nicht gegen die übergroße Distanz und die deutlich gezeigte Ablehnung. Sie betrachtete ihre Kinder als Geschenke auf Zeit und ließ sie laufen, im Wissen, ihnen alles mitgegeben zu haben, was sie brauchten, um ein gelungenes Leben zu leben. Es war das Leben ihrer Kinder und nicht ihr eigenes. Das durfte sie zur Kenntnis nehmen. Sie lernte das erste Mal, dass Widerstandslosigkeit sehr hilfreich ist, wenn sie mitten im Leben stehen wollte.

Männer, die gab es. Sie ließ sich – wie viele in ihrer Generation – mit völlig falschen Vorstellungen und Erwartungen in eine Ehe fallen. Dabei war sie für eine dauerhafte Bindung ungeeignet und auch viel zu jung. Natürlich wurde diese Ehe zum Kampf und zum Desaster, und Marie war heilfroh, als sie diesem Gebrauchsgefängnis wieder entronnen war. Für Marie war danach keiner bedeutend genug, um zu bleiben. Es gab immer Wichtigeres. Marie war rasch gelangweilt vom Alltag, von den Banalitäten in

Beziehungen. Daher ließ sie sich so wenig wie möglich auf jemanden ein.

Dass sie eine Ehe einging und diese scheiterte, zeigte jedoch ihren großen Widerspruch. So sehr sie sich irgendwo ganz heimlich eine Grundstabilität wünschte, so konnte sie diese mit ihrem Inneren damals noch nicht vereinen. Marie wollte sich nie unterdrücken lassen oder sich gar verstecken. Sie war präsent und dazu stand sie, gegen alle Widerstände, die ihr entgegenschlugen. Und wieder kam ihr Wunsch nach Bewegung, Veränderung, Verwandlung und Freiheit in ihr durch, leise, jedoch mit Beharrlichkeit.

So schwer die Zeit nach dem Ende ihrer Ehe für Marie war – für sie war klar: lieber alleine sein als in schlechter Gesellschaft und dabei in Langeweile ersticken und sich gar verstecken und kleinmachen müssen. Das kam für sie nicht mehr infrage.

Also suchte sie sich Menschen aus, die in irgendeiner Weise gebunden waren – und ihr Beweglichkeit ermöglichten. Dadurch konnte sie sich ihre Unabhängigkeit bewahren, musste sich nie wirklich auf jemanden einlassen und mit ihm auseinandersetzen, musste nie durchhalten und etwas aushalten. Vertrauen war sowieso eine Währung, auf die sie nichts gab – besser, sie verließ sich auf sich selbst. Wozu dann die Beziehungsdramen? Und doch schlitterte sie in das eine oder andere Drama hinein. Je mehr sie sich dagegen wehrte, desto tiefer war sie Teil des

Dramas. Es dauerte Jahre, bis sie das erkannte, vor allem bis sie die Mechanismen dahinter erfasste, und aussteigen konnte.

Marie war schlicht eine Macherin, die sich überall behauptete, und wenn es sein musste, auch mit der nötigen Härte durchboxte. Sie hatte sich ihr Wissen über viele Jahre erworben, war immer abseits ausgetretener Pfade unterwegs, ertrug Ignoranz, Ablehnung, Ausgrenzung, Intoleranz, Anfeindungen und Hasstiraden mit der ihr eigenen Art von Ehrgeiz, Humor und unerschütterlichem Optimismus. Sie war der klassische Kopfmensch, der primär in der Außenwelt lebte, die Karrierefrau im Haifischbecken der Männer.

Ihre Andersartigkeit, ihre Zielgerichtetheit, ihre Ungeduld, ihre Kraft und ihre Visionen lösten bei vielen Ängsten aus, denn wenn man Marie im Team hatte, war es vorbei mit Gemütlichkeit und Ruhe. Wer wollte das schon? Blaue Flecken, Erniedrigungen, Kleinmachversuche, Ausgegrenztwerden – all das lernte Marie kennen. Doch gleich wie schmerzhaft, sie blieb dran, gab niemals auf. Dadurch hatte sie große Erfolge: wieder einmal auf einem Gebiet die Erste sein, das Unbekannte entdecken und sich daran erfreuen, Neues in die Welt bringen, das heute eine Selbstverständlichkeit ist.

Marie war auf all das stolz, vor allem auf ihre Widersprüche, Ecken und Kanten. Sie stand zu ihrer Arbeit, ihren Leistungen und ihren Erfolgen, egal was von außen auf sie zukam. Marie wusste tief in ihrem Inneren, dass Pionierinnen die Welt gehört. Sie selbst prägte diese Welt. Sie war Vorbild für viele, auch wenn ihr das damals nicht bewusst war.

So fing Marie mehrfach in ihrem Leben bei null an – menschlich, inhaltlich, fachlich, strukturell. Sie vertraute ihren Qualitäten der Bewegung und der Verwandlung, wechselte ihre Felder immer wieder zu einem Zeitpunkt, der perfekt gewählt war und sich immer als passend herausstellte. Während die anderen in ihrer alten, verbrannten und mittlerweile schon stinkenden Suppe dahinschmorten und köchelten, war Marie längst weitergezogen, hatte mit der Arbeit an neuen Projekten begonnen und ihr Leben neu organisiert.

Sie war das, was man gemeinhin als *mover and shaker* und *influencer* bezeichnet, eine Person, die aufrüttelte, die auch für eine positive Unruhe sorgte und die Menschen aus ihren Komfortzonen herauslockte. Marie brachte innerlich und äußerlich viele Menschen in Bewegung, auch jene, die diese Bewegung gar nicht wollten und Marie mit allen Mitteln bekämpften.

Marie konnte Dinge miteinander kombinieren, die man auf den ersten Blick niemals kombinieren würde. Jedenfalls würden die allermeisten Menschen dies nicht tun, denn sie wollten sich nicht geistig anstrengen, wollten Sicherheit und eine Erfolgsgarantie – sie waren Komfortzonenfreaks.

Durch ihre Fähigkeit, das scheinbar Unverbindbare zu verbinden, blickte sie hinter den imaginären Vorhang, und das war vielen nicht geheuer. So war auch Marie vielen nicht geheuer – vielleicht auch, weil sie sich selbst manches Mal nicht geheuer war. So projizierte sie auch diesen Widerspruch in ihre Außenwelt.

Ja – natürlich gab es Momente, in denen sie zornig war, sich über das Verhalten des einen oder anderen ärgerte und auch verletzt war. Doch diese Momente verflogen rasch. Letztlich war Marie schon wieder einen Schritt weiter. Die anderen merkten es oft nicht. Marie war bereits längst entschwunden und befand sich auf Abenteuertour in einem anderen Land und beschäftigte sich mit einem neuen Thema. Sie war nach dem Fallen aufgestanden und auf ihre Füße gekommen. Nach jeder Niederlage stellte sie sich rasch einem neuen Kampf.

Wie ging der Kopfmensch Marie mit den eigenen Gefühlen um? Ihr Inneres war ihr viele Jahre fremd, ja geradezu suspekt, so sehr sie es auch unbewusst suchte. Sie befasste sich aus intellektueller Neugier mit Philosophie, Musik, Schauspiel, Atemtechniken und Grenzwissenschaften, um ihre Arbeiten dadurch besser zu verstehen und damit anzureichern. Sie ordnete alles dem Intellektuellen unter. Sie lebte in der Außenwelt, ihre Innenwelt blieb ihr viele Jahre fremd.

Die erste Lebenskrise nach dem Ende ihrer Ehe

brachte sie auf die klassische esoterische Schiene. Diese Bewegung befand sich in ihren Anfängen, war noch sehr experimentell. Doch Marie war auch in diesem Bereich neugierig. Sie saugte auf, was sie zu fassen bekam. Doch immer blieb ihr die eigene Innenwelt fremd. Sie konnte nichts mit ihr anfangen und fand auch niemanden, der ihr einen Zugang zu dieser Welt vermitteln konnte.

So blieb sie vorläufig in ihrem klugen und scharfen Verstand verfangen. Ihr Ego war wie ein kleiner Teufel. Emotionen – ja, nein, vielleicht, eher doch nicht … Es könnte sich ja etwas zeigen, mit dem sie verstandesmäßig nicht umgehen konnte. Also, besser gar nicht antippen und weiter klug analysieren. Der Verstand, der bot Marie Sicherheit, wenngleich sie auch nicht sagen konnte, was ihr Sicherheit eigentlich bedeutete. Sie nahm an, dass ihr Verstand der perfekte Meister sei. Und so behandelte sie ihn auch, als Meister ihres Seins.

Wie kam Marie nun dazu, sich neu zu erfinden, also sich dieses Mal so richtig neu zu erfinden? Wie kam es zu Maries wahrhaftiger Verwandlung als Mensch? Der Ausgangspunkt lag in der Außenwelt, in ihrem Beruf. Sie hatte alles erreicht. So entstand in ihr eine für sie beängstigende Leere. Fragen über Fragen tauchten in ihr auf. Es gab für sie keine neuen Themen mehr in ihrem Fachgebiet. So blieben auch Angebote von außen aus. Machen und tun reichte Marie nicht mehr.

Schließlich kamen auch noch Angriffe der übelsten Art hinzu, in der Öffentlichkeit breit ausgetragen. Marie geriet in einen wahren Strudel aus Neid, Verleumdung, Lügen, Aggression, Ablehnung und Ignoranz in ihrem Arbeitsbereich.

So reifte in diesen Monaten, in denen sie stark angefeindet wurde, in ihr der Entschluss zur Rundumerneuerung. So schmerzhaft diese Erfahrungen für sie waren, sie erwiesen sich als notwendig, denn ansonsten wäre Marie nie gegangen. Irgendwie hätte sie schon durchgehalten, denn darin war sie ja bestens geschult. Doch irgendwann – irgendwann genügte der kleine Funke, der zur Explosion führte. Die Kündigung war rasch geschrieben, kurz, auf den Punkt und vor allem schmerzlos. Und man machte es ihr ungeheuer leicht zu gehen. Sie hatte den Überraschungsmoment für sich genutzt. Ihre Gegner waren erschrocken, fast paralysiert. Keiner hatte in diesem Moment mit ihrem Weggang gerechnet. Marie war frei – endlich!

Mit knapp fünfzig Jahren war Marie wild entschlossen, sich erstmals so richtig von allem Alten zu befreien. Gleichzeitig stand sie da und wusste im Grunde nicht so recht, was sie mit ihrem Leben anfangen sollte. Es gab nichts mehr zu erreichen, denn sie hatte alles erreicht – zumindest intellektuell. Das war ja ihr bisheriger Erfahrungshorizont.

Sie hatte Ideen, Pläne. Also versuchte sie noch einige Zeit, mit alten Erfahrungen und bislang be-

währten Lösungsansätzen für die neu auftauchenden Fragen in ihrem Leben weiterzuarbeiten, in diesem Übergang im Übergang. Was hätte sie denn ansonsten tun sollen? War sie bei aller Wandlungs-
freude und Beweglichkeit nicht doch auch ein Kom-
fortzonenfreak? – Erst später fiel ihr auf, dass sich
viel Ungelöstes in ihrem Inneren befand, das neuer
Lösungsansätze bedurfte.

Die Frau zu leben, die hinter dem Bild verborgen
war, das sie täglich im Spiegel sah, darauf kam sie
noch nicht. Dieses Geheimnis entschlüsselte Marie
sehr viel später. So stand sie mitten in diesem geteil-
ten Leben, das zwei Leben umfasst.

Wie schließt man das eine Leben ab und wie
fängt man das andere an? Gibt es eine Betriebsanleitung für den Abschluss und den Neubeginn? Kopflö-
sungen ... leider nein, nichts im Regal, leider nicht
im Sortiment. Gnädigste müssen sich selbst auf die
Suche begeben, auf die Suche nach dem eigenen
Sein.

Marie musste sich auf den Weg nach innen machen. Doch kaum einer geht diesen Weg freiwillig,
denn es ist wohl einer der anspruchsvollsten Wege.
Deshalb drückte sie sich mit ihrem brillanten Verstand noch einmal daran vorbei. Ja – natürlich interessierte sie sich seit Jahren dafür, was hinter dem
berühmten Vorhang lag. Ja – sie las viel, besuchte
Seminare, praktizierte das angesammelte Wissen
auch immer wieder. Doch ging sie in die Tiefe ihres

Seins? Wohl nicht. Dazu hatte es bislang keinen Anlass gegeben. Der liebe Verstand ...

Marie sah noch immer nicht die Botschaft hinter dem nahezu erzwungenen beruflichen Wechsel und meinte, es besser als das Leben zu wissen. Das Leben antwortete ihr auf seine Art. Zuerst leise und sehr verhalten, dann lauter. Und als Marie meinte, sich noch immer durchschwindeln zu können, da wurde das Leben so richtig deutlich und trat mit einem Donnerhall an sie heran.

Das Leben wollte von Marie, dass sie sich echt, ehrlich und tiefgehend erneuerte. Eines Tages gab es Marie zu verstehen, dass sie nun endlich zu liefern hatte. Ganz anders als sie es bislang kannte. Ganz anders als sie es sich je auch nur in Ansätzen hatte vorstellen können.

Das Leben liebte Marie und es prüfte sie. Bei diesem Schuss vor den Bug, den ihr das Leben verpasste, konnte sie erstmals nicht mehr ausweichen. So einfach war das.

Innere Widersprüche sind die Quelle für Wachstum im Leben – gleich wie anstrengend es manches Mal sein mag. Oft leiten Widersprüche die Wende ein, die auch als Krise bezeichnet wird. Dann beginnt die eigentliche Reise ins Sein.

KRANKHEIT

„Ein Schuss vor den Bug"

Marie wurde vom Leben in eine Richtungsänderung hineingestoßen und dabei in einer für sie bisher unbekannten Weise geprüft. Sie wollte es wissen und forderte das Leben gleichzeitig heraus. Hier war er wieder, dieser Widerspruch.

Noch nie war sie mit einer derartigen Ungewissheit im eigenen Sein konfrontiert wie in dem Moment, als sie die elegante Arztpraxis in der Großstadt, in der sie nun seit einigen Jahren lebte, verließ.

Da saß sie nun auf einer Bank in dem kleinen, gepflegten Park vor der Praxis ihres Arztes und ließ die letzten Wochen Revue passieren. Bis vor kurzem hatte sie sich gut gefühlt. Sie war seit jeher ein Energiebündel, sportlich, rauchte nicht, trank kaum Alkohol, Entspannung gab es für sie nach Terminplan. Doch irgendwann, sie konnte den genauen Zeitpunkt nicht benennen, begannen eigenartige Schmerzen unter dem rechten Rippenbogen. Marie befand zwar, dass es keine Notwendigkeit gab, wegen Zwickereien gleich zum Arzt zu laufen. Sie meinte, ein gutes Körpergefühl zu haben, auch wenn sie ihre eigenen Grenzen immer wieder überschritten hatte. Letztlich erholte sie sich dann doch immer wieder – bis zu diesem einen Mal.

Es waren die Sorgen von Freunden, die sie letztlich bewogen, sich endlich nach Wochen ein Herz zu fassen und sich untersuchen zu lassen. Marie ging also zu der ihr empfohlenen medizinischen Kapazität. Sie tat das alles, nur um diese quälende Ungewissheit endlich zu beenden und Klarheit zu haben, Klarheit, die sie eigentlich auch gleichzeitig gar nicht wollte. Wie so oft – sie war hin- und hergerissen, ja regelrecht zerrissen und voller Widersprüche.

Überraschenderweise gab man ihr kurzfristig einen Termin, mit dem dezenten Hinweis, sie hätte es einem gemeinsamen Freund zu verdanken, dass es so rasch ging.

Nun waren die Befunde beisammen, und das Gespräch mit ihrem Arzt über die Untersuchungsergebnisse stand bevor.

Das Resultat, die nackte Wahrheit, war für sie, die immer auf ihren Körper geachtet hatte, ein Schock. Bislang hatte sie außer ein paar Sportverletzungen und die üblichen Erkältungen nichts Besonderes gehabt. Kinder zu bekommen war ein wenig mühsam und kompliziert. Jedoch war nichts mit dem vergleichbar, womit sie nun konfrontiert werden sollte. Es war kein Todesurteil, es war aber eine Diagnose, die ihr klarmachte, dass es so nicht weitergehen konnte. Krebs ist zumindest ein ordentlicher Schuss vor den Bug. Das war Marie bewusst.

Sie blieb nach dem Gespräch in einer Leere zurück – Nebel, Schleier der Unklarheit, wie betrunken und auf Drogen.

So saß sie jetzt im Park auf einer Bank und war weiterhin benebelt und verwirrt. Für Momente nahm sie nichts um sie herum wahr: nicht die langsam aufwachende Natur, nicht die ersten Vögel, nicht den leichten, warmen Frühlingwind. Sie konnte sich später nicht erinnern, wie sie wieder nach Hause gekommen war. Die Krebsdiagnose hatte sie aus der Bahn geworfen.

Es rumorte massiv in Marie. Sie dachte bislang, es seien immer die anderen, die erkranken, nie sie selbst. Nun kam diese kalte Angst, dass ihr Leben ganz schnell zu Ende sein könnte und sie so viel versäumt hatte. Sie wollte alles nachholen, das nahm sie sich fest vor. Doch jetzt wollte sie erst einmal alleine sein, um sich zu fassen und zu fangen.

Marie atmete durch und begann, ihren Verstand einzuschalten. Nun war sie scheinbar wieder ganz die Alte, die Macherin. Das gab ihr zeitweilig eine innere Sicherheit, diese bekannte Verhaltensweise. Durchatmen, nachdenken.

Da saß sie nun, in ihrem Wohnzimmer, Blick aufs Wasser, ziellos, wahllos, wortlos. „Das Frühjahr kommt sicher bald. Ich kann es riechen", sprach sie leise zu sich selbst. So wollte sie sich Mut machen, dass sie dieses Frühjahr erleben, ganz bewusst erleben würde. Durchatmen, nachdenken, soweit dies überhaupt möglich war, sich disziplinieren, die Situation analysieren ... Doch das half alles nichts. Der Puls klopfte ihr bis zum Hals. Ihr war übel. Alles drehte sich um sie.

Die Diagnose war klar. Die Chancen, wieder gesund zu werden, standen fünfzig zu fünfzig. Der medizinische Befund sprach eine sehr deutliche Sprache. Die Therapie würde anstrengend werden, und es gab keine Erfolgsgarantie. War es doch ein Treffer in die Breitseite und kein Schuss vor den Bug?

Wie viel Zeit bleibt mir noch? Was habe ich bislang versäumt? Warum kommt das gerade jetzt? Schaffe ich das? Was will ich schaffen? Wer hilft mir, wenn ich nicht weiter kann? Wer fängt mich auf und gibt mir einen zeitweilig sicheren Hafen? Was passiert mit mir am Ende? An welchem Ende? Was ist das Ende? Gibt es ein Ende?

Es ratterte in ihr. Da war er wieder, der Verstand. Fragen über Fragen gingen ihr durch den Kopf. Sie wusste nicht, wo sie beginnen sollte: Die Kinder informieren? Die Eltern in Kenntnis setzen, dass die Tochter eine harte Zeit mit äußerst ungewissem Ausgang vor sich hatte? – Wie sollte sie das machen?

Tränen liefen ihr augenblicklich über das Gesicht, als sie an ihre Familie dachte, die sich mehr und mehr auflöste. Die beiden Söhne gingen ihren Weg. Die Eltern wurden immer älter und lebten ihre Eigenheiten. Alles war ein natürlicher Lauf des Lebens. Und doch war sie Momente lang traurig darüber. Im Kopf drehte sich alles, verschwamm zu einem bunten Kaleidoskop.

Sie musste durchatmen, um Klarheit in ihren Kopf bekommen, bevor sie mit ihnen sprach: Wie soll ich das angehen? Direkt, verstandesmäßig oder mit Gefühl, mit Tränen, die sowieso wieder fließen werden? Ich habe keinen Plan, nicht die leiseste Idee davon, hämmerte es in ihr. Die Macherin, wo war sie geblieben?

Sie wollte endlich sesshaft werden, sich ihrem Leben widmen und das finden, wozu sie hier war. Nun gab es diese Frage nicht mehr, denn ihr Dasein selbst stand zur Disposition.

Tränen stiegen wieder in ihr auf, als sie an all das Versäumte dachte. Sie war leer, blind, planlos, ziellos ...

Wo war die Führung von oben? Gab es sie überhaupt oder war alles nur esoterisches Gequatsche? Warum ich?, fragte sie sich immer wieder und wieder.

Atmen, dem Pulsschlag folgen, atmen, lauschen, die Stille wahrnehmen, die Leere annehmen. Langsam beruhigte sie sich. Sie wischte sich ihr Gesicht ab, straffte die Schultern und kam zu einem Ergebnis, wie sie ihrem engsten Umfeld alles unterbreiten wollte und wie sie sich die weiteren Schritte ins Ungewisse vorstellte.

Und doch brachte sie dann im ersten Moment des Telefonats kaum ein Wort heraus. „Ich weiß nicht, wo und wie ich beginnen soll", stolperte sie ins Gespräch mit den Eltern. Dann fasste sie sich ein Herz und packte aus, dazwischen immer von Tränen unterbrochen. Ihr Vater hörte geduldig zu und sprach ihr Mut zu, auch wenn er selbst nicht wirklich daran glaubte. Er wirkte ein wenig ohnmächtig, ratlos und hilflos, fing sich jedoch rasch und beendete das Gespräch mit dem Satz: „Wir sind in einer Stunde bei dir."

Marie atmete schwer durch, wusste nicht, ob sie erleichtert sein sollte, lehnte ihr Gesicht gegen die kühle Scheibe ihrer Balkontür und blickte über den See. Er lag ruhig vor ihr. Das Wasser war heute kaum in Bewegung. Auch die Äste waren unbewegt. Die Sonne blinzelte durch die graue Wolkendecke. Ein Zeichen? Wenn ja, war das das Wetter für ihre Reise ins Ungewisse? Sie konnte ihren Atem hören, den Herzschlag fühlen – und die Tränen liefen unaufhörlich über ihr Gesicht.

Dann ging es sehr rasch. Die Eltern trafen ein, nahmen sie wortlos in den Arm. Allein ihre Anwesenheit gab Marie Kraft und Sicherheit. Gemeinsam betraten sie das Zimmer mit dem Blick auf den See. Sie setzten sich, atmeten durch. Leere, Stille.

Die Eltern sprachen leise mit Marie über die nächsten Schritte, die nächsten Wochen und wussten ohne große Worte, dass es eine längere Reise werden würde, eine Reise in die Ungewissheit. Doch sie wussten, dass sie ihr Kind, das sie immer noch war, begleiten würden.

Marie hatte immer wieder Mühe, sich zu fangen, und wollte es oft auch gar nicht. Zeitweilig befand sie sich in einem Nichtraum und in einer Nichtzeit. So eigenartig dies klingt, sie empfand es so. Für eine einstige Macherin waren dies neue Erfahrungen.

Durchatmen, durchatmen – das war das Einzige, was sie immer wieder tun konnte. Es folgte dann immer wieder eine lange Stille. Langsam begannen die Gedanken sich zu beruhigen. Schemenhafte Klarheit zeichnete sich ganz sanft ab.

Sie hatte eine leise Ahnung, was auf sie zukommen würde, als sie vom Gespräch mit dem Arzt berichtete. Es war ein Therapiemarathon, bestehend aus schulmedizinischen und komplementärmedizinischen Behandlungen. „Ich will Klarheit, soweit wie nur irgendwie möglich." Das auszusprechen, brachte ihr auch die erste echte Klarheit, deutlich gezeichnete Möglichkeiten hinter dem Nebel. Das reichte ihr für den Moment.

Für ihren Arzt wurde sie zum Prüfstein. Eine leichte Patientin war Marie nie. Sie konfrontierte ihn mit Fragen, forderte mehr Information. Ihr ursprüngliches Wesen kehrte wieder zurück. Diesem konnte sie sich nicht entziehen.

Sie verglich das Behandlungsangebot mit weiteren Möglichkeiten, prüfte es, schlug Neues vor. Sie wollte immer auf dem neuesten Stand sein. Wenn erforderlich, dann erstritt sie sich ihre Lösungen. Sie konnte kämpfen, wie wahr. Das konnte sie bis zur Perfektion.

Einmal hörte sie ihr Arzt, wie sie mit sich selbst stritt und sich Mut zusprach – und musste über ihre disziplinierte, intelligente Art lächeln. „Die schafft es. Wenn es wer schafft, mit dieser großen Unge-wissheit umzugehen und die Reise überhaupt anzu-treten, dann sie", murmelte er leise in sich hinein.

Bei diesem Krankheitsbild ist es immer eine Rei-se ins Ungewisse. Doch ist nicht das ganze Leben ei-ne Reise ins Ungewisse? Machen wir uns nicht etwas vor, wenn wir glauben, zu wissen, was auf uns zu-kommt, wenn wir morgens aufstehen? Bewegen wir uns nicht in einer scheinbaren Sicherheit, die es gar nicht geben kann?

Der Arzt war von Marie stark eingenommen. Sie war hochgebildet, intelligent, nach außen hin stark und kraftvoll. Wie hilft man jemandem, der so stark ist, auf dieser Reise ins Ungewisse? Er wusste es als Arzt. Als Mensch tat er sich dann schon etwas schwerer, musste er doch die professionelle Distanz wahren.

So hatte Marie mehrere Begleiter auf ihrem Weg: ihre Eltern, die ihr all ihre Zuneigung in der ihnen eigenen Art aus Nähe und Distanz zeigten, weil es ihnen nicht anders möglich war. Und dann war da noch ihr Arzt, der ihr mit seiner professionellen Distanz half, sich überhaupt auf die Reise zu begeben. Diese Begleiter brauchte sie, denn die Reise führte oft in große Dunkelheit oder ins gleißende Licht. Doch ihre Kinder hatten sich völlig zurückgenommen. Es gab Höflichkeitsanrufe, allgemeines Gerede – nur nicht nach der Krankheit der Mutter fragen. Und die Anrufe wurden immer weniger. Eigenartigerweise störte dies Marie nicht. Sie war fast erleichtert darüber. Zu sehr war sie auf sich fokussiert.

Marie blickte in den Momenten, in denen sie alleine war, immer wieder auf ihr bisheriges Leben zurück und stellte fest, dass sie bislang alles hatte, was ihr wichtig war. Und doch war sie unglücklich gewesen. Sie hatte einzigartige Forschungsprojekte, tolle Auftritte, immer viel Freiraum bei dem, was so tat, ging bei den Mächtigen ein und aus und bestimmte mit, wie sich die gesellschafts- und sicherheitspolitische Lage entwickelte. Marie war als Strategin international anerkannt. Sie konnte die geopolitische Entwicklung oft in einer besonderen Weise voraussehen, weil sie Fakten leicht verknüpften konnte und den Blick für Hintergründe hatte. Als Wissenschaftlerin war sie hochdekoriert. Sie hatte alles in der Wissenschaft erreicht, was erreichbar war. Marie könnte doch zufrieden sein mit dem, was sie bislang geschafft hatte.

Die beiden Söhne waren gesund und gingen ihren Weg. Maries Verhältnis zu ihren Eltern hatte sich geklärt. Mit ihren früheren Partnern hatte sie sich innerlich ausgesöhnt. Und dass sie im Moment keinen Partner hatte, störte sie nicht. Sie hatte Freunde, die sie immer wieder Stücke des Weges begleiteten, wenn sie es zuließ.

Marie war stets mit irgendetwas beschäftigt. Dieses Beschäftigtsein war auch ein Ausdruck ihres Gefühls der eigenen Unzulänglichkeit und der Traurigkeit. Das erkannte sie, wenn sie endlich einmal ehrlich zu sich sein wollte, und das wollte sie in diesem entscheidenden Moment ihres Lebens.

Die Wochen vergingen. Die Therapie nahm ihren Lauf. Sie hatte sich in den Krieg geworfen, den Fehdehandschuh aufgenommen und sie war innerlich bereit, diese Reise zu machen. Und sie machte sie erhobenen Hauptes und in einer großen inneren Gewissheit, anzukommen – wo auch immer. Sie musste jeden Tag aufs Neue laut und deutlich Ja sagen und, so paradox dies klingen mag, die Erkrankung als Geschenk annehmen. Sie ermöglichte ihr die größte Lernerfahrung ihres bisherigen Lebens, auch wenn Marie das in dunklen Momenten so gar nicht schmeckte.

In den letzten Jahren fühlte sie sich immer wieder als Sklavin ihres eigenen Seins. Sie hatte sich auf den Weg zu einem neuen Leben gemacht und doch nach den alten Mustern gehandelt. „Ich war Sklavin der Außenwelt und des Scheinruhms, der Macht und des Machertums. Mein Gott, dieses Riesenego in mir", murmelte es in ihr. Dieses Aphrodisiakum des

Machens hat ausgedient. Die Geschichte muss ein Ende haben, kam es Marie immer wieder in den Sinn.

Nie hatte sie bislang eine große Gewissheit in sich auf dieser Reise. Warum kommt diese Gewissheit erst in außergewöhnlichen Momenten?, fragte sie sich, bis sie feststellte, dass es darauf keine Antwort gab.

Gleichwohl wurde ihr Folgendes klar: Was zu lernen ist, liegt immer direkt vor uns. Es bedarf der Aufmerksamkeit und einer gewissen Ehrfurcht, um herauszufinden, was hier und jetzt ansteht und was der nächste Schritt ist. Es ist ein Mysterium, das zu respektieren ist. Immer wenn Sein und Tun von Begeisterung und Freude erfüllt sind, sind wir unserer wahren Bestimmung hier auf Erden sehr nahe. Und diese Bestimmung liegt jenseits der Arbeit, der Beziehungen, fern der Außenwelt.

Diese Bestimmung ist ausschließlich im Herzen zu finden. Dort alleine gibt es Gewissheit, denn, so sagte sie sich: „Du kannst nicht das Neue wollen und gleichzeitig Sicherheit im Alten suchen, das geht nicht. Die Geschichte muss ein Ende haben." Marie fing an, sich in sich selbst einzufühlen und die Antworten zuzulassen, die sich in ihr zeigten – auch wenn sie ihr nicht immer gefielen.

So entwickelte Marie mehr und mehr eine innere Entschlossenheit und Klarheit. Sie wurde ruhiger. Es ging von Tag zu Tag besser, leichter. Ihre innere Hal-

ANDREA RIEMER

tung hatte sich gewandelt. Die Ungewissheit hatte ihren ersten Schrecken verloren.

Marie machte sich auf ins Leben – mit einem lauten „Ja". Es war klar, bestimmt und unmissverständlich. Sie glaubte, dass alles möglich war. Diesen Zustand wollte sie nutzen, hier und jetzt – unbedingt und unabdingbar. Nichts war ihr wichtiger geworden, als zu leben.

Und auf diese Reise ins Ungewisse begab sie sich jeden Tag aufs Neue. Sie hatte langsam wieder Vertrauen und Mut geschöpft. So konnte sie losgehen – wohin auch immer. Sie wusste, das Leben war immer auf ihrer Seite, manches Mal anders als sie es sich wünschte, doch es war immer da. Das Leben liebte Marie und es war geduldig mit ihr. Und doch forderte es sie immer wieder auf, Altes fühlbar und sichtbar abzuschließen. Dann erst war Platz für Neues.

Krankheiten sind eine Warnung der Seele, nicht so weiterzumachen wie bisher. Sie fordern uns dazu auf, uns zu verändern und zu verwandeln – auf allen Ebenen unseres Seins.

SCHMERZ

Die Hotellobby war so, wie man sie in zahlreichen Fünfsternehotels in jeder Großstadt findet: eleganter Schick, verschwenderische Leuchter, bequeme Fauteuils und Sofas, üppige Blumenarrangements, dicke Teppiche und zahlreiches Personal – eine Oase der Stille mitten in der pulsierenden Stadt. Diskret, nobel, mit Ecken, in denen man einander treffen konnte, ohne gleich gesehen zu werden. Dies war für Marie der ideale Ort, wo sich Altes endlich abschließen ließ.

Leo hatte sie vier Jahre nach ihrer Trennung erstmals wieder angerufen. Zwischenzeitlich war Marie seit gut einem Jahr mit ihrer Erkrankung und deren Heilung befasst. Leo wusste nichts davon. Er wollte sie nur endlich wiedersehen. Nach einigem Zögern hatte Marie dem Treffen zugesagt, war doch für sie noch immer viel Schmerz mit Leo verbunden.

Leo war eine besondere Persönlichkeit: konservativ bis in die Knochen, ein begnadeter Musiker, angehimmelt von seinem Publikum, bewundert, schwierig, kapriziös, ein Sturkopf, belesen, erfahren, ein unbestrittener Fachmann auf seinem Gebiet. Er war ein intelligenter, impulsiver Klassiker, ein kindlicher und liebenswerter Wirrkopf, der bezaubern konnte und der Menschen brutal wegstieß und kompromittierte, wenn er sie in diesem Moment nicht brauchen konnte. Was Liebe und Mitgefühl anbelangt, hatte der Schöpfer bei ihm gespart. Wenn er nicht gerade seinen Frack anhatte, trug Leo mit großer Hingabe quergestreifte T-Shirts. Die besaß er in allen Größen, denn Leo war das personifizierte Gewichts-Jo-Jo: kein Sport, viel und gut essen und trinken – man gönnt sich ja sonst nichts.

Seine Familie war eine Ansammlung von Baustellen, wie er es immer nannte, eine nie enden wollende Problemgeschichte. Im Zentrum stand die ihn dominierende Mutter. Sie tat alles, um ihn zu halten und zu gängeln – nur: Er wollte es nicht wahrhaben. Leo wollte immer der strahlende Held sein, der von der Masse Angebetete, Bewunderte, der Außergewöhnliche, der Retter verlorener Seelen. Ohne ihn ging gar nichts. Er hatte die Deutungshoheit in seinem Bereich. Neben ihm war kein Platz. Wer immer versuchte, Platz neben ihm zu finden, wurde hinausintrigiert. Leo war auch ein Meister der Intrige. Natürlich stritt er seine Machenschaften stets ab. Er war auch gerne der Unschuldige, der keine Verantwortung übernahm.

Leo war der ewige Prinz, der nie König sein wollte. Das wäre ihm dann doch zu viel Verantwortung gewesen. Er fühlte sich wohl in seiner Prinzenrolle und wurde von vielen dafür geliebt. Leo konnte sehr berührend und bezaubernd sein – wenn er wollte und es ihm nützte.

Und er wollte sich nie bekennen, weder zu sich noch zu jemand anderem. Im Grunde seines Herzens war Leo völlig beziehungsunfähig. Menschen waren ihm letztlich immer suspekt. Neues lehnte er lange ab, bevor er es dann, oft unter dem Druck der Verhältnisse, doch zaghaft versuchte. Dabei trauerte er immer dem Alten, ach so Guten nach, sodass das Neue kaum eine Chance hatte, wirklich zu gedeihen. Er führte ein Leben mit dem Blick in den Rückspiegel. Also suchte er das zeitweilige Abenteuer, ohne sich für das eine oder das andere zu entscheiden oder sich gar auf etwas einzulassen.

Eigentlich wollte er keinem wehtun, und Marie hielt ja alles aus, meinte Leo. Bei ihr konnte er sich viel erlauben. Marie verteidigte ihn und blieb trotz aller Schwierigkeiten doch bei ihm – zumindest so lange, bis es auch ihr reichte.

Als Leo in der Lobby erschien, erschrak Marie. Grau war er geworden und zugenommen hatte er wieder einmal. Was war aus diesem attraktiven Mann geworden?, fragte sie sich kurz. Leo ging unsicher auf Marie zu. Er lächelte sie schief an, das konnte er so gut. Er war umgehend von ihr eingenommen. Sie war elegant gekleidet, auf dem Weg zu einem Lesungskonzert, das sie am nächsten Tag gab. Marie hatte sich mittlerweile beruflich ein neues Leben aufgebaut. Aus der Intellektuellen, die Vorträge zu gesellschaftspolitischen und strategischen Fragen hielt, war auch eine Künstlerin geworden. Marie hatte immer verborgene künstlerische Neigungen, die sie jedoch lange Zeit nicht richtig auslebte. Es erschien ihr nicht vereinbar mit ihren intellektuellen Aktivitäten. Kunst war für sie Inspiration, jedoch kein Bereich, in dem sie sich stärker beruflich engagieren wollte. Zudem war Leo mit seiner Extraklasse im Künstlerischen der Dominante. Mit ihm konnte sie sich nicht messen. Ja – sie wollte sich gar nicht mit ihm vergleichen, war sie doch eine außergewöhnliche Wissenschaftlerin.

Die Einladung zu einer Lesung aus einem ihrer Bücher kurz vor ihrer Erkrankung verlief dann derart erfolgreich, dass Marie begann, sich Schritt für Schritt auch für den künstlerischen Bereich zu interessieren und diesen – parallel zu ihrer Vortragstätigkeit – aufzubauen. Sie fand schlicht Geschmack am Künstlerischen und entdeckte eine neue Seite an sich. Mit der Zeit kam bei den Lesungen eine musikalische Begleitung hinzu, die ihre Texte auflockerten. So konnte sie Altes und Neues miteinander verbinden. Das Künstlerische steckte natürlich noch in den Kinderschuhen. Doch es wuchs langsam und stetig. Marie war zufrieden wie es lief, wenngleich ihr klar war, dass sie noch ein Stück des Weges vor sich hatte, bis ihr Repertoire eingespielt war und sie sagen konnte: Jetzt ist es für mich stimmig, was ich tue; jetzt habe ich meinen Auftrag erkannt und an-

genommen ... Es sollte noch dauern, bis sie so weit
war.

Leo hatte das Gespräch zwischen seine Proben
geschoben. Das war wieder einmal typisch. Marie
musste in der Zeit mit Leo ihre Wünsche und Projek-
te zurückstellen oder irgendwie alles zwischen seinen Terminen nebenher laufen lassen. Nebenbei
und zwischendurch – das war Marie sehr oft für Leo.
Doch von ihr verlangte er die ungeteilte Aufmerksamkeit. Das betraf auch ihre beruflichen Tätigkei-
ten. Zu Maries Ambition, sich auf das Schreiben zu
konzentrieren, hatte Leo seine eigene Ansicht:
„Schreiben, nur am Küchentisch bei mir", so Leos
Ansage vor ein paar Jahren – fast wie bei Mahler und
Alma ... Nun, diese Zeit war Gott sei Dank vorbei.

So standen sie voreinander im sanften Licht dieser Hotellobby. Beide wussten einen Moment lang
nicht, wo sie hinblicken sollten. Sie schüttel-
ten einander die Hände, was angesichts der Tatsa-
che, dass sie jahrelang eine leidenschaftliche Beziehung miteinander hatten, eigenartig anmutete. Was
mochte nun kommen? Nichts war mehr übrig von
diesem so glänzenden Künstler, nichts. Er war in der
Provinz bei einem ausgezeichneten Orchester ge-
landet. Doch es war und blieb Provinz, auch wenn er
es sich nicht eingestehen wollte.

Leo war auch unsicher, weil er das Gefühl hatte,
Marie wäre mit ihren neuen Aktivitäten in seine un-
angefochtene künstlerische Domäne eingedrungen.

Und das konnte er gar nicht leiden. Wenn er gekonnt hätte, so hätte er das bereits in dieser Phase erstickt. Er wollte die Nummer eins sein und duldete keinen neben sich. Ein Egomane aller erster Güte ... Doch die Chance, irgendetwas, das Marie begonnen hatte, im Keim zu ersticken, wurde ihm nicht geboten. Das machte ihn unruhig.

Sie hatten beide in einer dieser Nischen in der Lobby Platz genommen. Stille lag zwischen ihnen, namenlose Stille. So saßen sie beide da, in den bequemen Fauteuils. Keine Geräuschkulisse. Kaum Bewegung. Weiter Stille. Ruhe. Marie fühlte ihr Herz schlagen und atmete ruhig vor sich hin.

Was sollten sie einander sagen? Wer sollte beginnen? Entschuldigungen, Erklärungen, Erläuterungen? Was hätte das vier Jahre nach der schmerzhaften Trennung für einen Sinn gehabt?

Für Marie war klar: Leo hatte sich nie wirklich zu ihr bekannt. Er war dazu zu feige gewesen. Dies stand für Marie, die das Ärgste hinter sich gelassen hatte, unverrückbar fest, und der Schmerz darüber saß tief. Keine Kunst konnte so wichtig sein, dass man den Menschen, den man vorgibt, am meisten zu lieben, den man in den Himmel hebt und anbetet, im Stich lässt. So hatte sie sich immer wieder in der Zeit mit Leo gefühlt: im Stich gelassen. Die Liebe war dabei verloren gegangen. Irgendwann reichte es ihr und sie ging. Der Schmerz über die Beziehung mit Leo, er blieb jedoch tief in ihr vergraben.

Leo wirkte verlegen, wusste nicht, was er sagen sollte. Da war er wieder, der Zauberprinz ... Worauf hatte er sich da eingelassen? Fragen überschlugen sich
in ihm. Er fühlte sich zerrissen. So saß er da, ein wenig müde vom Tag, von der Verantwortung, von
schwierigen Proben und dauernden Streitereien mit
seinem Orchester, zu dem er eine gespaltene Beziehung hatte. Er wollte der Mittelpunkt sein und den
erstritt er sich, koste es, was es wolle. Das hatte
auch Marie so oft zu spüren bekommen.

Marie atmete durch und blickte unverwandt in
Leos blauen Augen. Die hatten sie schon bei ihrer
ersten Begegnung vor mehr als fünfzehn Jahren fas-
ziniert. Mein Gott, was war das für ein Mann: dyna-
misch, unbeirrt, genial in seinem Fach, kompromiss-
los, emotional, einnehmend, charmant, attraktiv, bezaubernd, ein Magier ... Marie dachte an ihre erste
Begegnung, die ihr immer noch präsent war. Und sie
musste innerlich lächeln. Nachdem er ihr zweimal in
einem Hoteleingang die Türe nicht aufgehalten hatte, forderte sie im Scherz eine Entschuldigung – und
sie erhielt sie von ihm. Aus dieser Entschuldigung
wurde zuerst eine Freundschaft und dann die lei-
denschaftlichste Liebe, die sie sich nur vorstellen
konnte. Etwas für die Ewigkeit – glaubten sie beide
damals. Das musikalische Genie und die außergewöhnliche Wissenschaftlerin ...

Sie blickte in Leos Gesicht, in seine Augen. Seine
Falten um den Mund waren tiefer geworden seit ih-

ANDREA RIEMER

rer letzten Begegnung. Das fiel ihr sofort auf. Die blauen Augen wirkten müde. Sein Lächeln war ein wenig gezwungen, schüchtern. War er glücklich? Sie fand in seinem Gesicht keine Antwort auf diese Frage. War Leo je glücklich gewesen? Keines seiner Engagements hielt er durch. Immer gab es Streit. Er zog ihn magisch an, wollte immer recht behalten. Immer ging er vorzeitig und mit Türenknallen.

Die Stille zwischen ihnen beiden war mittlerweile fast beklemmend, diese namenlose und gleichzeitig brüllende Stille.

Mit so vielen Erwartungen war Leo zu diesem Treffen gegangen. Er wollte sich erklären, wollte Marie klarmachen, dass er damals überfordert war mit der Intensität ihrer Beziehung, mit der Ernsthaftigkeit und Verbindlichkeit, die sich zwischen ihnen zeigte, mit seiner Mutter, die jeden gnadenlos dominierte, mit seiner Neigung, nicht zu wissen, auf welche Seite er gehörte ... Leo war in diesem Moment so zerrissen wie noch nie. Er brachte keinen Ton heraus. Alles Erdachte war verschwunden, wie weggeblasen.

Marie atmete ruhig weiter. Im Hintergrund hörte sie den Concierge einen neuen Hotelgast begrüßen, distinguiert, freundlich, erklärend. Sie konnte sein Lächeln fast körperlich fühlen, musste sich nicht einmal umdrehen.

So vergingen Minuten. Marie blickte Leo unverwandt an und wartete, was kam. Leo wusste nicht mehr, wo er vor Verlegenheit und Unsicherheit hinsehen sollte. Er hatte bereits in der Lobby alle Lüster, Lampen und Tische im Schnellverfahren gescannt. Und es war für ihn klar – es lag an ihm, den Anfang zu machen. Denn er war es, der im vergangenen Jahr mehrfach den Kontakt zu Marie gesucht hatte. Er hatte sie zu seinen Konzerten eingeladen, hatte sie mit Blumen, Geschenken und Nachrichten nahezu bedrängt. Die Karten ließ sie verfallen, die Einladungen blieben unbeantwortet und die Blumen hatte sie weiterverschenkt.

Marie brauchte schon immer etwas länger, bis sie etwas für sich abgeschlossen hatte. Doch wenn sie einen Punkt überschritten hatte, dann gab es kein Zurück mehr. Dann fiel die Person oder das Ereignis dem Vergessen anheim. Konsequent konnte sie an Menschen, die ihr einmal viel bedeuteten, vorbeigehen, ohne ihnen auch nur die leiseste Chance auf Annäherung zu geben. Auch das war Marie. Doch vor wenigen Tagen hatte sie erstmals seit ihrer Trennung geantwortet. Marie hatte dem Treffen zugestimmt, um für sich diese Beziehung, die ihr derart viele Schmerzen bereitet hatte, endlich innerlich abzuschließen. Sie wollte dieses Kapitel ihres Lebens endlich beenden. Es gab für Marie keinen Wiederholungszwang. Sie war bereit für Neues, Schönes. Dafür wollte sie innerlich frei sein. Voraussetzung dafür war Vergebung. Sie musste sich selbst und Leo uneingeschränkt vergeben – für alles, was zwischen ihnen geschehen war. Die Konfrontation mit Leo und mit dem Schmerz war die Voraussetzung für Vergebung. Sie war das Tor zu dieser von ihr so ersehnten Freiheit.

So saßen sie da und blickten einander verlegen an. Leo wusste über Maries erste künstlerische Aktivitäten Bescheid, hatte immer wieder auf ihrer Webseite nach ihren Auftrittsterminen gesehen, war also bestens informiert. „Sie hat also etwas Neues begonnen und offenbar läuft es gar nicht so schlecht mit ihren kleinen Lesungen und Lesungskonzerten", dachte er. So gerne wäre er mit ihr gemeinsam aufgetreten. Doch Marie ließ diesen Gedanken nie zu. Mit eigener Kraft hatte sie ihren neuen Weg eingeschlagen und wollte sich niemandem verpflichtet fühlen. Marie war eine stolze Frau. Auch wenn dieser Weg nicht immer einfach sein würde, war Marie wild entschlossen, ihn zu gehen – ohne Leo.

Schließlich nahm Leo allen Mut zusammen, beugte sich zu Marie und berührte sie sanft. Die Hände, diese schlanken Hände mit den langen Fingern, die ihr sofort bei ihrer ersten Begegnung ins Auge fielen und die sie so sehr liebte ... Marie durchzuckte es bei dieser Berührung, die ihr so vertraut war. Sie blickte nach unten – bloß nicht in Leos Augen schauen. Sie spürte die Wärme, die von seiner Hand ausging. Marie wurde unsicher, ob das Treffen richtig war, ob sie damit nicht alte Wunden aufriss.

Leo fragte sie leise, wie es ihr ginge und wie es beruflich bei ihr lief. Es waren Verlegenheitsfragen. Das war beiden bewusst. Irgendwie musste dieses Gespräch doch in Gang kommen, wollten sie nicht weiterhin schweigend einander gegenübersitzen und sich nach dem Sinn des Treffens fragen – jeder für sich.

Die Kellnerin kam, blickte Leo, den sie erkannte, mit einem dezenten Lächeln an und unterbrach ihr zaghaft begonnenes Gespräch, um die Bestellung aufzunehmen. Tee für Marie, ein Glas Rotwein für Leo.

Als sie gegangen war, beugte sich Leo nach vorne und fasste nochmals Maries Hand, die er so lange vermisst hatte. Sie drückte Leos warme Hand und entzog ihre wieder. Das war ihr zu nahe. Wie es ihr denn ginge, fragte Leo nochmals.

Sie erzählte schmucklos, was in den vergangenen vier Jahren geschehen war, sprach knapp über ihre Erkrankung, von der er noch nichts wusste, ohne zu dramatisieren, auch wenn es ein Drama sondergleichen war. Sie schilderte ihre beruflichen Aktivitäten, dass sie Schritt für Schritt aus dem Alten vollkommen ausgestiegen war und sich nun sowohl intellektuell als auch künstlerisch positionieren wollte. Sie wollte neue Horizonte entdecken und alle ihre Talente und Möglichkeiten leben. Einerseits sei alles nicht ganz einfach nach einer brillanten akademischen Karriere. Andererseits habe sie viel

Freude dabei, etwas Neues für sich zu erobern. Es sei ein Abenteuer, und sie freue sich einfach nur, zu leben – frei von Schmerzen. Und es sei sehr schön, Intellektuelles und Künstlerisches gleichzeitig zu leben und viel weitergeben zu können.

Leo ging über Maries Schilderungen kommentarlos hinweg – typisch für ihn. Er beneidete sie insgeheim. Leo hatte seine Musik, doch viel mehr war da nicht. Er konnte sich nichts Neues aufbauen, weil es ihm schlicht an Wissen und Erfahrung mangelte. Also lag sein gesamter Fokus auf der Musik – und das erdrückte ihn immer öfter. Er sagte sich im Stillen, dass im kommenden Jahr seine Engagements noch weniger werden würden, gleich welche Reaktionen von außen kamen.

Als Marie fertig war, herrschte wieder Schweigen zwischen ihnen. Sie wollte im Grunde nichts von seinen Dramen wissen. Zu tief waren die Schnitte, die Narben, die Schmerzen, die die Beziehung mit Leo mit sich gebracht hatte. Sie wollte alles, nur keine Wiederholung, keine Wiederaufnahme zu gleichen Bedingungen. Sie wollte ihre Ruhe von Leo. Und wenn dieses Gespräch dazu diente, diesen inneren Abschluss endlich zu ermöglichen, dann war sie bereit, sich zu konfrontieren. Vergebung verlangt auch immer wieder Konfrontation. Es geht darum, sich mit dem zu konfrontieren, was man selbst gemacht hat, und damit, was der andere gemacht hat. Man kann nur vergeben, wenn man umfassend Ja zu

dem sagt, was geschehen ist. Das heißt nicht, es gut-
zuheißen. Es heißt schlicht, ehrlich Ja zum Gesche-
henen zu sagen. Nicht mehr und auch nicht weniger.
Marie war dazu innerlich bereit. Wie es Leo ging,
konnte sie bestenfalls erahnen.

Leo sah in Maries grüne Augen und fand, dass sie
viel besser als noch vor vier Jahren aussah. Sie hatte
abgenommen; ihre Augen funkelten, sie war unglaublich elegant gekleidet und bewegte sich selbst-
sicher. Sie hatte offenbar ihren Weg gefunden. Marie
war immer die viel Souveränere, die Stärkere, die
Unabhängigere, die Zielorientiertere in ihrer Beziehung. Sie hatte auf alle Fragen eine Antwort und
immer eine Lösung – auch wenn sie darunter am
meisten litt.

Leo liebte Marie abgöttisch. Er bewunderte in
fast kindlicher Weise, wie sie ihre Neuerfindung in
der Lebensmitte geschafft hatte, wie offen sie mit ihrer Erkrankung umging, wie sie den Weg in die Ge-
sundheit und in ihr neues Leben gemeistert hatte.
Was hatte er schon?

Im Grunde wusste Leo, dass er Marie nie eben-
bürtig sein konnte, solange er in seinen alten Ver-
hältnissen verblieb. So sehr er sie liebte, er würde
ihr nie auf Augenhöhe begegnen können, wenn er
die grundlegende Veränderung nicht wagte.

Ihm wurde augenblicklich bewusst, dass sein
Ortswechsel, den er vor kurzem vollzogen hatte, und

die neue Aufgabe, die er übernommen hatte, seine tiefsten Fragen nicht beantwortet hatten. Im Gegenteil, es hatten sich weitere Lücken, weitere Leerräume aufgetan. Von Antworten und Lösungen war er weiter entfernt denn je. Und er wusste, dass er sich seit Jahren etwas vormachte. Selten war ihm dies so klar wie in diesem Moment. Leo war der perfekte Verdränger. Der Raum fürs Verdrängen war jedoch aufgebraucht. Leo fühlte eine gewisse Hilflosigkeit in sich aufsteigen. Zum ersten Mal wurde ihm seine Kleinheit gegenüber dieser Frau bewusst. Er war der Kleine und nicht sie. Diese Erkenntnis schmerzte ihn sehr. Wie sehr hatte er die Lage bislang verkannt?

Marie war in dem Gespräch eindeutig in der stärkeren Position. Dies hatte sie rasch erfasst. Es herrschte wieder ein Ungleichheit, wie in all den Jahren ihrer Beziehung. Und davon hatte Marie genug. Die Musik und Leos Genialität in diesem Bereich konnten dies nicht ausgleichen.

Marie bestellte sich einen weiteren Tee. Leo nahm noch ein Glas Rotwein. Sie blickten sich Momente lang an. Sie ist nach wie vor derart diszipliniert und fokussiert, dachte Leo. Wahrscheinlich hätte sie es ansonsten nicht geschafft ...

Leo nahm das Gespräch wieder auf und fragte Marie nach ihren Büchern, ihren Lesungen und Lesungskonzerten. Er wollte mehr über ihre Auftritte wissen, und wie sie diese mit ihrer alten Tätigkeit

verbinden konnte. Er fragte sie nach Bühnenpart-
nern, nach Orten, nach Programmen. Leo war von
Marie vollkommen eingenommen – wieder einmal.
Ihm war klar geworden, dass er sich in all diesen
Jahren nie innerlich von ihr getrennt hatte, dass es
zahllose Tage gab, an denen er sich wehmütig an die
gemeinsamen Stunden, an ihr Lachen, ihre mitrei-
ßende Fröhlichkeit und an ihre Tatkraft erinnerte.
Wie in einem Schnelldurchlauf sah er innere Bilder
vor sich. Maries Frage nach seinen beruflichen Plä-
nen riss ihn aus diesem inneren Film.

Mechanisch antwortete Leo und beschrieb seine
Aktivitäten und Engagements. Marie bemerkte sofort, dass er etwas verbarg, um nicht schlechter als
sie dazustehen. Ihr war klar, dass sich
mehr Probleme aufgetan hatten, als Leo je davor bei
anderen Engagements hatte. Er tat ihr leid, weil er
sich mit dem Orchesterwechsel so derart schwertat.
Und gleichzeitig wusste Marie, dass sie ihm dabei
nicht helfen konnte.

Das Alte war für sie längst auserzählt. Sie hatte
sich als Intellektuelle und angehende Künstlerin neu
erfunden und stand am Beginn, einen eigenen Raum
für sich zu erschaffen, in den sie privat kaum jemanden hineinließ – und Leo schon gar nicht. Keinesfalls
wollte sie ihre Energie wieder mit Leo verschwen-
den. Sie wollte ihre Kraft für sich und für das, was
ihr wichtig war, einsetzen.

Marie blickte verstohlen auf ihre Uhr. Eine Stunde war vergangen. Was hatte sie von ihm erfahren? Nichts von Substanz. Marie fühlte sich wie eine Beobachterin einer bizarren Situation: Da saßen zwei sich ehemals wie verrückt Liebende nach einer schmerzhaften Trennung nach Jahren wieder beisammen – und stellten fest, dass sie sich im Moment nicht viel zu sagen hatten. Vielleicht wollten sie einander nicht noch mehr verletzen. Vielleicht wollte der eine mehr, als der andere bereit war zu geben. Vielleicht, vielleicht, vielleicht …

Leo sah Marie verzweifelt an. „Hilf mir aus dem Dreck heraus", schien es aus ihm zu sprechen, leise, ohne viel Hoffnung, dass Marie seiner unausgesprochenen Bitte nachkommt. Sie war bereits über den inneren Punkt hinausgegangen. Heute ließ sie dieses Kapitel hinter sich.

Marie schaute nochmals auf ihre Uhr. Sie wollte den Zug zu ihrem nächsten Auftrittsort noch erwischen. Der Weg zum Bahnhof war kurz. Sie würde es auf jeden Fall schaffen. Marie war mittlerweile auch müde geworden. Ein anstrengender Probentag neigte sich dem Ende zu. Sie wusste, dass der Auftritt am nächsten Tag viel von ihr fordern würde. Körperlich war sie gut beisammen, jedoch konnte sie sich keine Extratouren erlauben. Auch das wusste sie. Sie musste mit ihren Kräften haushalten.

Leo versuchte mehr und mehr verzweifelt, Marie innerlich zu erreichen. Doch er stieß auf eine unsichtbare Mauer. So sehr er es auch anstrebte, Marie wieder auf seine Seite zu ziehen, umso deutlicher erkannte er, dass er sie verloren hatte. Das bedrückte ihn unendlich. Ihm war klar, dass er ihr bloß keinen Vorschlag für eine Zusammenarbeit unterbreiten durfte. Sie würde es sofort als ein Einkaufen und eine Annäherung auch im privaten Bereich interpretieren. Er wusste, dass Marie darauf allergisch reagierte. Folglich hätte er seine Strategie ändern müssen. Doch Leo fiel jegliche Veränderung schwer. Marie hingegen war die personifizierte Veränderung. Genau das liebte er so an ihr.

Und jetzt? Er konnte nichts mehr greifen. Marie war seiner Welt verloren gegangen. Sie war ihm abhandengekommen. Und es gab kein Zurück mehr, nur mehr ein Nachvorn. Und genau davor hatte er eine unbeschreibliche Angst. Über diese innere Mauer konnte er nicht springen. Sie trennte ihn von Marie, gleich wie er es anstellte.

Marie winkte die Kellnerin zum Zahlen herbei, bestand auf eine geteilte Rechnung und erhob sich aus dem großen Fauteuil. Die Kellnerin brachte ihren Mantel. Natürlich ließ sie sich nicht von Leo in den Mantel helfen. Sie verabschiedete sich mit einem kurzen Händedruck und gab ihm ein paar unverbindliche Wünsche mit auf seinen Weg. Keine Umarmung, kein gegenseitiges Halten, keine Fragen nach seinem nächsten Auftritt, kein Platz für ein *da capo* oder eine *coda*. Dann drehte sich Marie um, bog ihren Rücken durch und ließ den Mann, der einmal das Zentrum ihres Lebens war, zurück. Sie hatte für sich das Alte nun endgültig abgeschlossen. Der Schmerz war einer großen inneren Stärke gewichen. Vergeben. Befreit. Leo konnte Marie nicht mehr verletzten und auch nichts mehr in ihr auslösen. Nein. Diese Zeit war vorbei. Dieses Buch war geschlossen und im hintersten Regal abgestellt.

Sie hatte erkannt, dass alles, was vor vier Jahren geschehen war, seine Richtigkeit hatte. Es war abgeschlossen. Sie konnte vergeben – sich selbst und auch Leo. Dabei war nichts Konkretes geschehen, das ihr diesen Schritt ermöglichte. Sie wusste es tief in ihrem Inneren. Ein warmes, klares Gefühl breitete sich in ihr aus – ohne ihr Zutun. Es war an der Zeit, Vergebung zuzulassen und weiterzugehen. Plötzlich fiel es ihr leicht, Leo zu vergeben und auch sich selbst … Damit war sie in diesem Moment frei. Neues konnte in ihr Leben treten. Sie dachte an Erich Frieds Gedicht „Was es ist" und fühlte eine große Klarheit in sich.

Leo blieb zurück, in sich gekehrt, traurig, kraftlos, verwirrt. Er wusste: Wenn er die neue Marie erobern wollte, musste er sich etwas grundlegend Neues überlegen. Konnte er das? Wohl nicht. Das wurde ihm in diesem Moment klar. Er hatte die alte Marie verloren und für die neue Marie war er zu schwach.

Beziehungen sind oft die Quelle größten Schmerzes im menschlichen Dasein. Umso wichtiger ist Vergebung. Sie befreit von Schmerz. Erst dann ist Platz für Neues.

TOD

Marie hatte die Diagnose Krebs mittlerweile angenommen und sich intensiv mit ihrem Innenleben
auseinandergesetzt – nicht nur im Kopf, sondern
erstmals auch ein wenig im Herzen. Sie hatte sich
auch die Geschichte mit Leo vergeben und war innerlich in diesem Punkt frei. So konnte sie sich endlich verstärkt sich selbst widmen. Marie erkannte,
dass Selbstreflexion das Wichtigste war, um wieder
zu gesunden. So stellte sie sich immer wieder eine
Reihe von Fragen:

Was hatte sich über ihr Herz gelegt, dass es sich
den Weg über ein anderes Organ bahnen musste,
damit sie es wahrnahm? Was unterdrückte sie? Wo
versuchte sie noch immer, den Erwartungen zu ent-
sprechen? Warum ließ sie sich weiterhin vom Leis-
tungsgedanken und von der Außenwelt dominieren,
wenn auch nun im gesundheitlichen Bereich? Wo
gab es ungelöste Fragen und noch nicht Vergebenes
in Beziehungen – außer in jener mit Leo?

Diese und ähnliche Fragen beschäftigten Marie.
Sie kam den Antworten näher und näher. Es gab hel-
le und dunkle Tage. Doch es ging immer voran. Die
Rückblicke waren es, die ihr die nächsten Schritte

ermöglichten. Doch Marie war nach wie vor von dem, was sie später als ihren Kern bezeichnete, entfernt. Das grämte sie nicht. Sie wusste, es brauchte alles seine Zeit. Diese Einstellung gab ihr Trost auf ihrem Weg.

So wähnte sich Marie nach mehr als einem Jahr Therapie und Selbstfindung und nach dem so wichtigen Gespräch mit Leo auf dem Weg der Besserung, als sie zu einer weiteren Infusionsbehandlung ins Krankenhaus einbestellt war. Dies war ihr mittlerweile zur Routine geworden, und sie dachte sich nichts dabei.

Es war einer der ersten Frühjahrstage im März. Die Tag-und-Nacht-Gleiche stand bevor. Für Marie war das immer ein besonderer Moment, der eine eigene Magie entfaltete. Zudem gab es eine partielle Sonnenfinsternis. Ein weiterer magischer Faktor in dieser Zeit. Marie freute sich darauf, denn dieses Mal würde sie sie beobachten können und die gesamte Energie mitnehmen.

Die Sonne schien schon kraftvoll. Das Licht deutete das Frühjahr an. Die Hecken vor dem Krankenhaus zeigten die ersten grünen Spitzen. Ein paar warme Tage noch, dachte Marie, dann blühen auch die Forsythien und die Tulpen. Sie freute sich darauf, denn es wurde wieder wärmer, und die Tage wurden länger. Es war so, als ob das Leben wieder erwachte.

Der leichte Wind war angenehm, denn sie musste sich aufgrund der vielen Busverspätungen auf dem Weg ins Krankenhaus beeilen und war leicht ins Schwitzen gekommen. Die Pünktlichkeit war Marie noch immer regelrecht eingebrannt. Dabei hatte sie in mehr als einem Jahr seit der Diagnose so viel in sich und um sich verändert.

Sie genoss nach mehr als einem halben Jahrhundert erstmals ihr Leben, fühlte sich gut und wieder in ihrer Kraft. Der Druck war deutlich geschwunden. Sie gewöhnte sich an Phasen, in denen sie nur sie selbst sein konnte und nicht mehr rackern und etwas leisten musste. Gott sei Dank hatte sie finanzielle Reserven, auf die sie in dieser Zeit zurückgreifen konnte. Wofür Lebensversicherungen aufsparen, wenn sie jetzt wichtig waren ...?!

Marie ging den gewohnten und vertrauten Weg im Krankenhaus zur Onkologieambulanz, grüßte die Schwestern, die sie schon gut kannte und mit ihrem Humor immer wieder mitriss. Sie hatte ein offenes Ohr und interessierte sich für ihre Arbeit. Im Therapiezimmer, das eine schöne Aussicht in den das Krankenhaus umgebenden Park hatte, nahm sie ebenfalls gewohnheitsmäßig Platz, machte den linken Arm frei und wartete auf die Infusion. Noch drei Mal, dann würde sie die Therapie vorläufig abgeschlossen haben. Danach würde sie warten müssen und sehen, wie ihr Körper reagierte und wie ihre Prognose aussah. Marie war nach wie vor eine unverbesserliche Optimistin und glaubte bedingungslos daran, dass es da noch etwas gab, was sie zu erledigen hatte. An einen frühzeitigen Abtritt hatte sie auch in all den dunklen Monaten nie gedacht. Marie grenzte den Tod aus ihrem Sein aus – wie viele Menschen. Für sie zählte das Leben.

So lehnte sich Marie, die Lebenshungrige, im bequemen Stuhl zurück, atmete tief durch und schloss kurz die Augen. Routine und Stetigkeit können auch etwas Beruhigendes haben. Die Krankenschwester war fast lautlos mit dem Infusionsbeutel in der Hand eingetreten. Die beiden kannten einander, mussten nur ein paar kurze, allgemeine Worte miteinander austauschen. Marie ging es gut, doch sie wollte nicht viel sprechen. Die Infusion war noch immer etwas Besonderes für sie und löste Fragen in ihr aus. Nein, sie hatte keine Angst. Doch ihr wurde dadurch bewusst, dass alles endlich war …

So lief die Routine an. Die Nadel für die Infusion war rasch gesetzt; der Beutel mit der Medikamentenflüssigkeit wurde angeschlossen. Marie schloss wieder die Augen. Die Schwester verließ das Therapiezimmer mit dem Satz, sie würde zwischendurch kurz nach ihr sehen.

Nach wenigen Momenten fühlte Marie eine ungewohnte Veränderung. Übelkeit stieg in ihr auf, und sie musste erbrechen. Etwas, das absolut unbekannt für sie war. Sie vertrug die Behandlungen bisher gut und hatte sich innerlich darauf eingestellt.

Marie wurde heiß, und ihr Körper begann zu vibrieren. Sie wollte aufstehen, konnte es jedoch nicht. Es flimmerte vor ihren Augen. Heftiger Schwindel überfiel sie. In ihrem Kopf hämmerte es wie verrückt. Zudem überkamen sie massive Schmerzen unter dem rechten Rippenbogen. Der Schmerz ergriff mehr und mehr ihren gesamten Körper und schüttelte sie. Sie wand sich in Krämpfen, musste immer wieder erbrechen. Irgendwann – Marie konnte die Augen nicht mehr öffnen, sah sie nicht deutbare Farbsprenkel, Bilderfetzen. Nichts gehorchte ihr mehr. Für Panik war keine Zeit. Alles ging in einem atemberaubenden Tempo vor sich, dessen sie sich erst viel später bewusst wurde. Der Vorhang war gefallen. Marie nahm für Momente nichts mehr wahr – alles war nur noch finster, schwarz und still. Was an diesem für sie so schicksalhaften Tag noch passierte, erfuhr sie letztlich nie genau.

Marie bekam nicht mehr mit, als die Schwester routinemäßig nach ihr sah. Sie fand Marie eigenartig verdreht halb im Stuhl liegend, voll von Erbrochenem. Rasch stellte sie fest, dass Marie nicht atmete, und rief laut nach einem Arzt. Der war schnell zu Stelle. Er legte Marie gemeinsam mit der Schwester auf den Boden und begann mit der Reanimation. Parallel dazu stellte er der Schwester Fragen nach der Medikation und nach Maries Verfassung.

Was währenddessen mit Marie geschah, ist mit

Worten nur unzulänglich zu beschreiben. Marie hatte ihren physischen Körper verlassen. Sie schwebte,
fühlte sich frei, frei von allem Alten, frei von
Schmerzen und Sorgen. Sie hatte kein Gefühl für
Raum und Zeit – dies waren in diesem Moment zwei
unsinnige Dimensionen, die sie höchstens als be-
grenzend empfunden hätte. Sie hatte das Gefühl,
sich „weit draußen" zu befinden, im Weltall zu
schweben. Ja – so konnte sie dieses unbeschreibliche Empfinden im Nachhinein bezeichnen. Um sie
war völlige Stille. Und doch fühlte sie sich unglaublich geborgen und sicher. Sie „sah" die Erde und war
gleichzeitig über die Schönheit, die Ewigkeit des
Seins erstaunt. Marie fühlte sich als Beobachterin
ihrer selbst und dessen, was sie umgab. Sie schwebte. Ja, Marie schwebte.

Sie befand sich in einem paradoxen Zustand: Einerseits war da ein immenser Widerstand gegen den
Tod und andererseits der Wunsch, ihm zu begegnen.
Sie fühlte diesen großen Widerspruch in sich – und
sie fühlte, dass er sich sanft löste, als sie alles, was
sie empfand, schlicht annahm. Zu sterben, bedeutete
für Marie zu wissen, wer sie ist, was sie wirklich ist.
Es bedeutete, in diesem Wissen auf den Tod zuzugehen. Sie klappte ihr inneres Visier auf und war bereit zur Begegnung mit dieser zweiten Seite des
Seins.

Im Nachhinein konnte sie es so beschreiben: Es
war dunkel, und sie ging mit wie mit verbundenen

Augen herum. Es war kein klassischer geschlossener Raum, in dem sie sich bewegte. Vielmehr war der Raum offen, nahezu unendlich, sanft, angenehm, frei. Gleichzeitig nahm sie alles wie im Rundumblick wahr. Das imaginäre Seil, an dem der Rest ihrer Identität hing, musste sie loslassen und sie musste sich bedingungslos einem größeren Sein hingeben. „Dein Wille geschehe" erhielt plötzlich eine neue Bedeutung. Die Trennung war aufgehoben. Die Filter der Wahrnehmung ihres kleinen Ich waren aufgelöst. Ihr gesamtes inneres und äußeres System war zu einer großen und tiefgehenden Umstellung gezwungen. Die Rotation in ihr wurde immer heftiger und schneller. Marie konnte sich dem nur noch hingeben.

Es war eine paradoxe Situation in ihr, um sie herum und außerhalb von ihr, wobei all dies fiktive Zustände und Beschreibungen sind, um das letztlich Unfassbare auch nur andeutungsweise fassbar zu machen.

Erstaunlicherweise begann Marie irgendwann zu kämpfen und begegnete dem Tod mit ihrem offenen Visier. Wer über seine Grenzen geht, der agiert anders, völlig anders als sonst. Sie hatte nichts mehr zu verlieren. Daher konnte sie aufhören, die zu sein, die sie war. Als sie – irgendwie – begriff, dass sie ihren Weg finden und gehen konnte, war sie frei, ihr eigenes Schicksal zu wählen.

Es herrschte das blanke Chaos. Und gerade dieses Chaos, diese Anarchie an Bewusstseinsdimensionen, ermöglichte es ihr, ganz unterschiedliche Zustände anzunehmen.

Binnen Momenten konnte Marie in ihren Körper zurückschlüpfen und fühlte unglaubliche Schmerzen und Krämpfe. Sie war Teil der Reanimationssituation und fühlte die Hektik, die sie umgab, und sah das Treiben um sie herum. Der Kampf irritierte sie, machte ihr Angst. Im nächsten Moment war sie wieder außerhalb, in dieser raumlosen Zeit und im zeitlosen Raum, in Schönheit und Stille. Marie fühlte sich begleitet, umsorgt, geborgen und unterstützt. Es gab keine Sprache, es herrschte ein wortloses Verstehen, eine innere Gewissheit. Sie konnte den Puls und den Atem des Kosmos wahrnehmen. Und das genügte ihr.

Marie konnte also zwischen zwei Zuständen wählen – Materie, Körper, Schmerz, Kampf, Trennung oder Bewusstsein, Stille, Einfachheit, Sein, Einheit, reine Liebe. Raum und Zeit hatten sich in einen imaginären Hintergrund gestellt. Marie konnte nie sagen, wo sie genau war und wie lange sie dort verweilte. Es gab nach menschlichem Ermessen keine Koordinaten für diesen Seinszustand.

Schließlich wurde Marie die Wahl überlassen, in der geistigen Welt zu bleiben oder in ihren physischen Körper zurückzukehren – ohne zu wissen, ob dieser Körper jemals so sein würde, wie er war. Marie hatte keine Gewissheit, ob sie, wenn sie in ihren

Körper zurückkehrte, frei von Schmerzen sein würde, frei von emotionalen Verlusten. Sie hatte keine Garantie, dass ihr Leben lebenswert sein würde.

Klar war auch: Keiner nahm ihr diese Entscheidung, wo sie sein wollte, ab. Nur sie alleine konnte sie treffen – ein Ausdruck des vielzitierten freien Willens. Es war ein heiliger Moment, der die Entscheidung umfasste, zurückzukehren an den Ort, den sie als „Erde" kannte, in die Zeit, die ihr vertraut war, in ihren Körper.

Der Schritt fiel ihr erstaunlich leicht, weil sie tief in sich „wusste", dass es jetzt erst so richtig losgehen würde. Marie verspürte unglaubliche innere Freiheit. Erstmals konnte sie bewusst eine richtig große Entscheidung treffen, musste niemanden fragen und keine Rechtfertigung, keine Erklärung abgeben; einfach aus sich heraus wählen, entscheiden und umsetzen – mit offenem Visier in der Begegnung. In diesen Seinszuständen befand sich Marie – frei von Raum und Zeit, in einer perfekten Paradoxie.

Im Krankenhaus waren alle auf das Schlimmste gefasst. Marie befand sich mehrere Tage zwischen Leben und Tod. Sie war auch in dieser Phase ohne Raum und Zeit eine Kämpferin, eine Kriegerin, die ihren heiligen Kampf mit Beharrlichkeit ausfocht. Alles, was Probleme bereiten konnte, bereitete Probleme – die Nieren, die Leber, das Herz. Marie ließ nichts aus.

Zur Verwunderung aller, die Marie bereits als tot

ANDREA RIEMER

betrachteten, kam sie nach vier Tagen wieder zurück ins Leben. Das sogenannte Aufwachen war eigenartig. Maries Eltern und ihre beiden Söhne saßen besorgt um ihr Bett in der Intensivstation des Krankenhauses. Marie nahm sie schemenhaft wahr und glitt wieder in einen schlafähnlichen Zustand. Es dauerte, bis sie wieder ganz da war.

Die Eltern erzählten Marie, dass sie einen Medikamentenschock erlitten hatte, eine lebensbedrohliche Unverträglichkeit. Wodurch diese ausgelöst wurde, war nicht ganz klar.

Marie brauchte ein wenig, bis sie diese Information für sich einordnen konnte. Letztlich war es auch nicht wichtig. Marie hatte sich für das Leben entschieden, und dieses fand hier und jetzt statt – nicht gestern oder vorgestern. Man lässt die Vergangenheit ganz hinter sich. Mit diesem Gedanken konnte sie aus der Paradoxie aussteigen.

Marie brauchte einige Zeit, um sich nach ihrer Rückkunft zu orientieren.

Sie sah in die besorgten Augen ihrer Eltern. Ihr Vater hatte Tränen in den Augen, die er geschickt verbarg. Die Mutter war optimistisch, fast überdreht, und die beiden Söhne waren vermutlich das erste Mal in ihrem Leben sprachlos. Sie hatten ihre Mutter, der sie zeitweilig sehr distanziert und kritisch begegneten, nicht verloren. Doch von diesem Moment an, als Marie wieder ins Leben zurückkkam, hatten sie wieder kein Interesse an ihrer Mutter. Das wurde Marie erst viel später klar.

Marie fühlte die Hände ihrer Eltern in ihren, den sanften Druck und hörte leise Worte der Aufmunterung und des Willkommens. Und dies bestärkte sie in ihrem Kampf.

Marie war zurück, müde, erschöpft, etwas orientierungslos und planlos. Sie war dankbar für die ausgezeichnete medizinische Versorgung und die Zuneigung, die sie erfuhr. Doch letztlich lag alles in ihren Händen und in den Händen dessen, den sie später als Quelle bezeichnete. Diese Quelle hatte ihr ein Angebot gemacht und ihr dabei die Entscheidung überlassen. Marie hatte das Angebot mit allen Konsequenzen angenommen.

Es folgten Tage und Wochen, in denen sie das Leben langsam aufnahm. Es ging Schritt für Schritt. Ihr Körper brauchte etwas Zeit, doch letztlich setzte er Maries Entscheidung, leben zu wollen, erstaunlich schnell um. Als sie wieder zurückgekehrt war, wusste sie vom ersten Moment an: Sie sollte lernen, ihr Leben anzunehmen, ihre Aufgabe und ihren Platz finden und ihr Dasein voll und ganz genießen. Dabei dachte sie, sie hätte das alles schon erfüllt. Weit gefehlt, sie war nahe herangekommen, doch ihren Auftrag hatte sie weder erkannt noch ausgeführt.

Nicht immer wieder Neues suchen, getrieben umherwandern, letztlich ziellos sein und damit dem

Leben entkommen – nein, das war es nicht. Es ging darum, aus dem Hier und Jetzt das Beste zu machen und sich an dem, was ist, zu erfreuen. Es ging um eine ganz tiefgehende und grundsätzliche Änderung ihrer inneren Einstellung. Das Leben ist ein Geschenk, eine Möglichkeit, Erfahrungen zu machen und daran zu wachsen. Und Marie sagte bedingungslos „Ja" zum Sein – das schloss auch den Tod mit ein. Er hatte für sie vollkommen an Schrecken verloren. Ihre Begegnung war ein heilsames Erlebnis für Marie. Sie war dankbar dafür, weil sie die Weite ihres Seins nun endlich begriff.

In diesen Momenten, in denen sie frei zwischen der irdischen und der geistigen Welt hin- und herwechseln konnte, erlangte sie ein tiefes Verständnis für ihr wahres Ich und für den Sinn ihres Lebens ... Erfahrungen sammeln und wachsen, ja, damit konnte sie etwas anfangen.

Marie erkannte die Bedeutung von Wahl und freiem Willen. Sie wusste, dass sie sich Chancen schaffen konnte, sie ergreifen und konsequent verfolgen konnte, ja musste. Sie wusste, dass sie jetzt bereit war, ihren Platz zu finden und einzunehmen.

Marie war unbändig neugierig auf ihren tatsächlichen Auftrag, bei dem ihr nie langweilig werden sollte. Sie wusste tief im Innern sehr genau, dass sie in ihrem ersten Leben keine Fehler gemacht hatte, sondern unglaublich viele Lebenserfahrungen gesammelt hatte. Sie brauchte also nichts mehr zu wiederholen. Es gab in ihrem Sein keine Endlos-schleife mehr.

So war sie bei aller anfänglichen körperlichen und emotionalen Müdigkeit und Erschöpfung zutiefst dankbar und glücklich über diese zweite Chance. So schlimm war der Tod also doch nicht. Sie war ihm mit offenem Visier begegnet und hatte dadurch eine neue, bis dahin nie gekannte Kraft erlangt.

Marie fühlte das erste Mal, dass sie erwünscht, willkommen und nie alleine war – im Leben, im Tod, in ihrem Sein.

Was für eine Perspektive!

Der physische Tod wird von vielen als absolutes Ende wahrgenommen. Doch er ist nicht das Ende des Seins. Der Tod macht das Leben zu dem, was es sein kann – ein Wunder.

NEUANFANG

„Dem Leben neu begegnen"

Als Marie nach Wochen das Krankenhaus verlassen sollte, hieß es für sie, die ersten Schritte in ihr neues Leben zu gehen. Nichts war für Marie mehr wie zuvor. Doch war sie voller Fragen, auf die sie keinerlei Antworten parat hatte. Von Lösungen war sie weit entfernt. Gleichzeitig war eine stille Freude in ihr über die Wahl, die sie getroffen hatte.

Marie musste sich selbst auffangen. Sie musste die ersten konkreten Schritte für ihr Sein setzen. Niemand konnte ihr das abnehmen, denn niemand konnte ihr Leben leben. Außerdem wollte sie selbst sehen, was sie mit diesem Geschenk anfangen konnte. Es brauchte alles seine Zeit, damit es wachsen konnte – keine besonders angenehme Perspektive für Marie, die als ungeduldig bekannt war. Das hatte sie noch immer nicht ganz abgelegt. Und doch wusste sie, dass Zeit relativ war und dass sie nichts über das Knie brechen konnte. Diese Erkenntnis war Teil der Neugeburt.

Das Leben zu Hause entpuppte sich als weiterer Umbruch. Alles war anders als im Krankenhaus, wo sie einen gewissen Schutz genoss und sich täglich versorgt wusste. Dort war sie wie in einem Kokon, in einer Schutzblase gewesen. Zu Hause wurde sie in die Eigenverantwortung hineingeschoben. Sie konnte und wollte sich dieser nicht entziehen. Wenn sie Schutz wollte, dann war alleine sie dafür zuständig.

Zudem erkannte Marie bald, dass das „alte Leben" in ihrem Bewusstsein wie ausgelöscht war. Ein weißes Tuch war in ihrem Inneren über viele Jahre des eigenen Daseins gebreitet. Wenn man ihr erzählte, was sie schon alles geleistet und geschafft hatte, dann erinnerte sie sich zwar daran, nahm dies also mit dem Verstand zu Kenntnis, sie konnte jedoch keine emotionalen Verbindungen dazu herstellen. So sehr sie es auch versuchte, das weiße Tuch über ihrem alten Leben ließ sich nicht hochheben. Es war so, als ob man diesen Teil ihres Lebens hinter ihr abgeschnitten hätte.

Die Tage gingen dahin. Marie sah sich alte Fotos an und ließ sich Anekdoten über ihre Vergangenheit erzählen, immer in der Hoffnung, dass sich ein Gefühl einstellen möge. Doch es gab schlicht keine emotionale Verbindung, gleich wie lange sie suchte – Marie fand sie nicht. Leise hörte sie in sich den Satz: „Man lässt die Vergangenheit ganz hinter sich."

Ja, es gab Fakten wie ihren Geburtstag. Doch stellte sie sich immer wieder die Frage, welcher Geburtstag? Es gab eine Biografie auf dem Papier, aber sie empfand sie als unbelebt. Mit ihren akademischen Titeln, Auszeichnungen und Abschlüssen konnte sie emotional nichts anfangen. Sie erinnerte

sich an so manche Prüfungen und an Abschlussfei-
ern, wenn sie Fotos sah. Von alleine stiegen diese
Bilder nie in ihr auf. Vergessen waren all die Mühen
und Freuden, die ihr ihre akademische Arbeit bereitet hatte. Vergessen waren all die Verrücktheiten, die
sie gemacht hatte, um wahrgenommen zu werden.
Vergessen waren all die Erfolgserlebnisse, für die sie
allerdings eher ausgegrenzt als gewürdigt wurde.
Vergessen, zugedeckt mit einem weißen Tuch ... Leise hörte sie wieder in sich den Satz: „Man lässt die
Vergangenheit ganz hinter sich."

Es folgten zahlreiche Fragetage, wie Marie sie
nannte. War sie bislang blind und taub für das Leben
gewesen? Oder war sie durch diese existentielle Erfahrung, die sie lange nicht mit Nahtod bezeichnen
konnte, da es ihr davor schauderte, erst blind und
taub geworden? Hatte sie ihr Gefühl für ihre alten
Sinne verloren? Ja – wahrscheinlich. Sie hatte jedoch
eine viel umfassendere Wahrnehmung gewonnen,
die sie erst ergründen musste. Dann erst konnte Marie den Umgang mit dieser neuen Wahrnehmung erlernen. Später erkannte sie, dass sich Hellfühligkeit
und Hellwissen in ihr eingefunden hatten. Marie war
manches Mal verzweifelt, weil sie mit dieser umfas-
senden Wahrnehmung schlicht nicht umgehen
konnte, ohne sich völlig überfordert zu fühlen. Sie
konnte ihre Wahrnehmungen oft nicht einmal in
Worte fassen. Und doch waren sie in einer unglaublichen Fülle in ihr vorhanden.

ANDREA RIEMER

Marie saß in ihrer wundervollen Wohnung, die ihr ebenso fremd geworden war, wie der See, auf den sie immer wieder gedankenverloren blickte. Sie wollte nicht hinausgehen, sondern am liebsten im Schutz ihrer Wohnung verbleiben. Gleichwohl war ihr bewusst, dass sie dies nicht ewig aushalten würde. Sie liebte Menschen und ging auch gerne auf sie zu. Marie fühlte sich noch immer irgendwie, als befinde sie sich auf einem imaginären Kreuz aufgespannt zwischen Alt und Neu … Sie fühlte sich dabei wie in einem Niemandsland des eigenen Seins, ausgestattet mit neuen Fähigkeiten, die sie für den Moment überforderten, und mit alten Fähigkeiten, mit denen sie nichts mehr richtig anzufangen wusste – falls sie sie überhaupt als solche wahrnahm.

Doch erkannte sie rasch, dass es nicht um Veränderung im Äußeren ging, nein. Sie konnte hinziehen, wohin sie wollte, doch sie würde diese Unsicherheit, diese Orientierungslosigkeit mitnehmen. Wahrscheinlich würde sie in dieser Verfassung auch gar nicht in der Lage sein, mit einem Umzug zurechtzukommen.

Überlagert war diese innere Großwetterlage von einem tiefen, oft unbegreiflichen Schmerz, der damit zusammenhing, dass sie nicht mehr wusste, wer sie war, und sich noch immer nicht gefunden hatte. Manche nennen es eine „kosmische Spalte des Seins", wo Altes und Neues einander begegnen und der Unterschied nicht mehr mit herkömmlichen Zugängen und Lösungen ausmachbar ist. „So schmeckt das Niemandsland des Seins ...", tönte es leise in ihr.

Gleichzeitig lag vor Marie das große Abenteuer, das wiedergeschenkte Leben zu erobern – nicht zurückzuerobern, sondern erstmals bewusst zu erobern und zu gestalten. Es war für sie überfordernd und animierend zugleich.

Irgendwann stellte sich Marie eine Frage immer wieder und wieder: „Wie sieht mein geglücktes Leben aus? Wie gelange ich vom Lebensleid zum Lebensglück?" Es gab niemanden, der ihr die Frage beantworten konnte. Denn – in dieser Spalte zwischen Alt und Neu, dem heiligsten aller Raumzeiten, wo der Nullpunkt erreicht ist, die Leere, das Nichts, am Treffpunkt von Anfang und Ende, da gibt es keine Hilfe, keine Erklärung, wenn alles den Atem anhält ... in diesem Niemandsland des Seins.

Marie war auf eigenen Wunsch in ein Leben zurückgestoßen worden, ohne dass sie es als Zwang empfand. Sie wusste, dass sie nicht wieder zurückkonnte. Es würde alles getan werden, dass sie hierbliebe.

„Mit dem Denken und Tun alleine komme ich nicht weiter. Ich weiß nur eines: Ich will aus dieser Spalte heraus. Doch wie kann ich gehen, ohne zu wissen, was gehen ist und wie ich gehe? Wohin?" Nun war Marie in einer echten Sinnkrise, nicht vergleichbar mit jener Krise, die sie hatte, als ihr ihre

Erkrankung bewusst wurde, in ihrem vorherigen Leben.

Es folgten weitere Wochen mit allen Höhen und Tiefen, bis Marie auch innerlich zuließ, dass es das alte Leben nicht mehr gab und ihr ein neues Leben in die Hände gelegt wurde. Das Herz war schon vorausgeeilt, doch ihr kluger Verstand hatte seine Zeit gebraucht, um dies zu begreifen.

Sie machte täglich Spaziergänge, auf der Suche nach Erinnerungen. Die Erkenntnis kam in Wellen. Und Marie brauchte viel Geduld und Vertrauen. Das waren bislang nicht ihre Stärken, und es dauerte, bis sie sich darauf einlassen konnte.

Bei einem ihrer Spaziergänge wurde ihr dann schlagartig klar: Sie musste die Vergangenheit ganz hinter sich lassen, denn sie hatte einen neuen Pfad betreten. Es gab keine Alternative. Der Satz, der tagelang immer wieder in ihren Gedanken aufgetaucht war, ergab für sie plötzlich einen Sinn.

Marie konnte in diesem neuen Gebiet mit ihrem scharfen Verstand immer weniger ausrichten, so sehr sie es noch immer versuchte. Zeitweise verdammte sie ihren Verstand, weil er sie immer wieder zu der Blockade führte. Da stand sie nun vor der inneren weißen Wand. Wie weiter?

Sie schien in einer Schleife gefangen zu sein, solange sie am Verstand festhielt. Marie sprach mit ihm, schimpfte mit ihm und haderte mit ihm. Doch er ließ sich nicht verjagen, so sehr Marie es auch versuchte.

Aber die Natur half ihr immer wieder dabei, ihren nächsten Schritt auf ihrem neuen Weg zu erkennen. Sie konnte es anfänglich nicht benennen, nur fühlen. Nicht das vielzitierte Bauchgefühl – nein, ihre Herzensstimme. Zuerst ganz sanft und leise, zärtlich, liebevoll, wie eine Mutter, die dem Kind die wichtigen Dinge des Lebens näher bringt. Dann, kraftvoll und gelegentlich laut mit einem vernehmbaren: „Marie, was ist das schon wieder?! Wo läufst du denn jetzt schon wieder hin?!" Und diese Stimme war beharrlich, zielgerichtet, liebevoll und ermutigend.

Ihre Herzensstimme wurde für Marie zur wichtigsten Begleiterin und zur besten Freundin. So konnte sie jeden Tag ein Stück besser akzeptieren, dass das alte Leben hinter ihr lag, zugedeckt mit einem weißen Tuch, wie eine Landschaft im Nebel. Und das war gut so, denn ansonsten hätte sich Marie niemals dem Neuen, dem Eigentlichen zugewendet.

Dies war dann ein echter Meilenstein auf Maries Weg. Es handelte sich um eine Erkenntnis jenseits intellektueller Intelligenz. Sie bestand darin zu erfassen, was hinter dem Horizont lag.

Körperlich ging es Marie von Tag zu Tag besser. Sie war beweglicher geworden. Und doch hatte sie immer wieder das Gefühl, ihr Körper sei von der Seele und vom Verstand getrennt. Marie musste auch erkennen, dass sie nicht alles alleine schaffen konnte. Niemand außer ihr selbst verlangte das von ihr. Es gab genug Hilfe von außen.

Es war die Herzensstimme, die ihr den Impuls gab, sofort Hilfe zu suchen – und Marie fand diese Hilfe binnen Stunden. Sie machte sich per Internet auf die Suche nach ihrer Seelenführerin, einer Frau, die ihr über das Unterbewusstsein den Weg zur eigenen Seele weisen sollte. Dafür gibt es unzählige Zugänge, keiner ist besser oder schlechter geeignet. Marie kannte die Fachleute und wusste rasch, wem sie vertrauen konnte – ein Anruf und der erste Termin war vereinbart.

Marie hatte eine Frau gefunden, die ihr mit all ihren Fähigkeiten des Hellwissens und Hellfühlens vor allem durch systemische Aufstellungen und Trancearbeit weitere Wahrnehmungsdimensionen eröffnete. Für Außenstehende handelt es sich oft um unverständliche Prozesse. Sie sind deshalb unverständlich, weil die Seele nur über das Herz und nie über den Verstand erreicht werden kann und vieles in der äußeren Welt unspektakulär und unerklärbar erscheint. Doch im feinen Bewusstseinsfeld und im Unterbewussten, in der Innenwelt eines Menschen bewirken diese Prozesse oft Großes und Nachhaltiges. Diese Arbeit funktioniert nach dem Prinzip „zuerst Veränderungen im Inneren vornehmen und darauf vertrauen, dass sich diese in der Außenwelt zeigen".

Marie konnte diese Reise ins eigene Innere kaum erwarten. Sie hatte zwar schon Erfahrung mit Reisen dieser Art; in ihrem alten Leben trat sie diese hin und wieder aus reiner Neugier an. Doch nun ging es ihr darum, etwas aus ihrem geschenkten Leben zu machen. So fasste sie rasch Vertrauen und ließ sich in den Prozess interessiert und offen hineinfallen. Sie hatte keine Ahnung, welches Ergebnis sich zeigen würde. Doch dies wusste sie bereits vorab: Das Ergebnis würde ihr keine Angst machen. Im Gegenteil – sie wollte sich von sich selbst überraschen lassen. Sie wusste tief in sich, dass ihre Seele immer offen und ehrlich sein würde.

Der nach außen hin unspektakulär erscheinende Prozess konnte seinen Lauf nehmen. Die Seelenführerin brachte Marie mit einer speziellen Atemtechnik in einen entspannten Zustand. So konnte Marie in ein Bewusstseinsfeld jenseits von Raum und Zeit eintauchen. Sie wechselte dabei ihre Position zwischen Stehen und Liegen, zwischen Bewegung und Stillstand, zwischen Aktion und Beobachtung. Sie trat auf Papierblätter, die mit Begriffen und Themen beschrieben waren, und sie fühlte, was sich dabei in ihrem Inneren zeigte. Währenddessen nahm sie rasch Bilder und Farben wahr. Manches davon war konkret. Manches war ein inneres Wissen. Anderes war wie ein Wechselspiel aus Gefühl, Farbe, Bild und innerem Wissen. Alles, was sich zeigte, war wichtig auf diesem inneren Weg.

Es war ein kraftvoller, einzigartiger, innerer Prozess, der Marie in ihr neues Leben erst so richtig hineinwarf und sie in sich selbst verankerte. Dieser Prozess hatte etwas Mystisches und entfachte eine große Dynamik. Geist, Körper und Seele näherten sich einander an – und irgendwann, irgendwann rastete es in ihr ein. Die drei Ebenen verschmolzen miteinander. Marie fühlte sich erstmals ganz und präsent. Da hatte wohl das gesamte Universum zusammengewirkt, um Marie endlich als Ganzheit ins Hier und Jetzt zu bringen!

Sie entsorgte in diesem Prozess zudem eine Reihe von Altlasten, die bislang ihren neuen Weg behinderten, ja sogar den eigentlichen Eintritt in ihr neues Sein versperrten. Wochenlang beschäftigte Marie sich ausschließlich mit sich selbst, beobachte sich, nahm sich einfach nur wahr und wurde von Tag zu Tag kräftiger und präsenter. Sie wusste, dass sie erst am Beginn dieses Prozesses stand. Sie wusste, dass sie auch weiterhin immer wieder mit ihrer Seelenführerin zusammenarbeiten würde. Marie hatte Vertrauen zu ihr gefasst, und die erste gemeinsame Arbeit fühlte sich für sie stärkend an. Auch ihre Seelenführerin freute sich mit ihr über die vielschichtigen Ergebnisse der ersten Sitzung.

Marie hatte dabei eine wichtige Lektion gelernt: Sie musste eben nicht alles alleine schaffen, sie durfte auch Hilfe annehmen. Es gab kein Richtig und kein Falsch, sondern es ging um das Wachsen im ei-

genen Sein. Was für eine neue Erfahrung für die „Al-
les-alleine-Macherin" Marie!

Es dauerte noch ein paar weitere Wochen, bis
Marie innerlich merkte, dass sie die Daseinsspalte,
in der sich Alt und Neu begegnen, verlassen hatte.
Sie konnte ihr Glück gar nicht fassen. Nach Monaten
des Nebels war die Sicht bestechend klar, und sie
wollte alles auf einmal erreichen: ausgleichen, ab-
wägen, mit der eigenen Endlichkeit umgehen, Liebe
erfahren, Authentizität finden ... All das wollte Marie
in dieser Phase verwirklichen. Doch es brauchte ein
wenig Zeit, bis sich so manches Ergebnis zeigte. Marie erkannte, dass alles einem stetigen Wachstum
unterliegt, dass Dinge sich manchmal rasant, dann
wieder kaum wahrnehmbar entwickeln oder entde-
cken lassen.

Marie orientierte sich nun an der Natur, die kein
Drama kennt. Die Natur lebt ihre Wogen und Wellen,
ihren Rhythmus, ihren Takt und ihre Tonart. Marie
ließ jeden Stein fallen und hörte augenblicklich auf,
sich zu erklären und zu verteidigen. Keine Projektionen mehr, keine Angst mehr, kein Jammern mehr,
kein Klagen.

Und das heißt: stehen, einfach für sich stehen
und da sein. Mehr war in diesem Wanderabschnitt
nicht gefragt. Und was kommen würde, das würde
sich ihr zeigen, wenn die Zeit dafür reif war. So
konnte Marie auch manche Unsicherheit auf ihrem
Weg aushalten.

ANDREA RIEMER

Sie hatte neu angefangen und die ersten Schritte getan. Marie begab sich auf die Suche nach der eigenen Wahrhaftigkeit. Es wurde zu einer Abenteuerreise, voll von Unsicherheiten und Überraschungen. Doch nichts konnte sie von dieser Suche abhalten. Sie musste vorangehen, weitergehen auf ihrem neuen Weg.

Grenzerfahrungen führen zu einem Neuanfang, der sich durch die Suche nach der Wahrhaftigkeit im Leben, nach dem Urgrund des eigenen Seins auszeichnet. Es ist der Weg vom Dunkel ins eigene Licht.

VORANGEHEN

„Der Weg vom Schein zum Sein"

Marie hatte die ersten Wochen des neuen Lebens bewältigt. Sie hatte ihr Zuhause wieder übernommen, es umgestaltet und an ihren neuen Geschmack, der sich mehr und mehr zeigte, angepasst. Sie hatte ein wenig aus- und umgeräumt und einiges weggegeben. Marie häufte nichts an. Sie wollte mit leichtem Gepäck reisen, und das tat sie auch. Es fühlte sich einfach besser an – übersichtlicher, ordentlicher – in ihrer Welt, die sie sich neu gestaltete. Sie konnte mit den Informationen aus ihrer Reise ins eigene Innere, die sie mit Hilfe ihrer Seelenführerin unternommen hatte, jeden Tag ein wenig mehr in ihren Alltag integrieren.

Marie war endlich innerlich und äußerlich gestärkt. So konnte sie mit dem Geschenk des Lebens mehr und mehr anfangen. Manches Mal war sie ungeduldig mit sich. Es fehlte ihr nach wie vor an klarer Orientierung, an Vorstellungsvermögen und an Gelassenheit.

Es war ein dauerndes Auf und Ab, ein Vor und Zurück – wie sie später erkannte, ein ganz natürlicher Prozess. Stolpern und Umwege gehörten dazu. Dies waren Erfahrungen – nicht mehr, nicht weniger. Marie erkannte, dass der schnellste Weg nicht immer der für sie beste Weg war. Sie erkannte auch, dass sie ihren Weg finden und gehen musste – gleich, was von außen auf sie zukam. Ihr war bewusst, dass sie dabei immer wieder auch Hilfe brauchte und sie auch annehmen durfte, ja sogar sollte.

Doch es gab bei aller Dankbarkeit auch Momente des Zweifelns. Es waren kurze dunkle Phasen, steile Aufstiege und holprige Abstiege. Oft wusste sie in diesen Momenten nicht, wo sie sich gerade auf ihrem Weg befand und ob sie überhaupt auf dem richtigen Weg war. Aber ihr wurde klar, dass der Zweifel sie in die Einsamkeit führen, sie erneut vom großen Ganzen trennen würde.

Gleichzeitig fühlte sie sich immer irgendwie gehalten. Seit sie den besonderen Bewusstseinszustand des Schwebens in den Weiten des Seins erfahren hatte, wusste sie tief im Innern, dass es unmöglich war, verloren zu gehen. Es konnte sich nur der Daseinszustand verändern. So war sie sich erstmals ihrer Existenz absolut sicher. Und wer sich seiner Existenz sicher ist, entwickelt Gelassenheit und vertraut auf das göttliche Timing. Dann kann der Weg der Balance und der Harmonie beschritten werden. Doch für Marie gab es noch zahlreiche weitere Zwischenschritte, bis sie diesen erreicht hatte. Am Vorangehen konnte sie nun nichts und niemand hindern.

So gab es immer wieder Tage, an denen Marie mit sich selbst, mit Höherem und mit sehr Irdischem rang. Vieles war ihr fremd, was ihr bislang vertraut erschien. Sie fand für Momente zu wenig Halt, weil sie die Sicherheiten, die ihr das alte Leben gab, verloren hatte. Sie baute Inhalte und Strukturen auf, damit das Grundsätzliche in ihrem Sein eine gewisse Festigkeit erreichte.

Die Umsetzung dessen war eine besondere Lektion für Marie. Sie merkte immer wieder, dass sie mit ihrem scharfen Verstand, der sich wieder sehr stark bemerkbar machte, nur wenig ausrichten konnte. Ihr war bewusst geworden, dass sie mehr und mehr ihre Herzensstimme sprechen lassen musste, wenn sie weiterkommen wollte. Der Verstand und ihre exzellente Ausbildung waren zeitweise ihre größten Hindernisse, um zu erkennen, was nun ihre Aufgabe war. Marie wurde sich von Tag zu Tag mehr gewahr, dass sie zeitweise eine Geisel ihrer Gedanken und ihres Egos war.

Im ersten Moment war dies eine erschreckende Erkenntnis für sie. Gleichzeitig wusste Marie, dass diese Erkenntnis die Lösung beinhaltete. Es ging nicht darum, den Verstand zu verdammen und zu dämonisieren, sondern darum, der Herzensstimme ihren Platz zu geben, sie zu pflegen und in einem nächsten Schritt Herz und Verstand aufeinander abzustimmen. Dies war eine große Herausforderung, dessen war sich Marie rasch bewusst. Und ihr war klar, dass es sich dabei um einen Prozess handelte, an dessen Ende Balance und Einklang standen. Damit hatte Marie ein konkretes Ziel.

Der Umgang mit der eigenen Endlichkeit, das Erfahren von Liebe, das Finden von Authentizität – all das durchlief Marie in dieser Phase. Es ging deutlich bewusster als in der vorangegangenen Phase vor sich. Maries Leben hatte die Form einer Spirale angenommen, auf der sie zwar immer wieder ähnlichen Themen begegnete, jedoch jedes Mal ein Stück hinaufgegangen war.

Zeitweise wurde sie von Informationen überflutet, von denen sie anfänglich nicht wusste, woher sie kamen. Sie konnte kaum etwas mit dieser Fülle an Eindrücken anfangen. Es war so, als ob ein Fernseher permanent lief, den sie aber nicht sah. Marie hörte Töne, die sie nicht einordnen konnte. Und irgendwann dachte sie, sie sei verrückt. Ja – Marie war ver-rückt. Ihr gesamtes Ich hatte sich ver-rückt, verschoben. Nur wohin? Das fragte sich Marie immer wieder.

Und dann stellte Marie fest, dass sie nirgends dazugehörte, jedoch nicht wurzellos im klassischen Sinn war; vielmehr war sie „anders" angebunden – und das konnte sie nur erfühlen, und sie musste dieses Fühlen erlernen.

Worum ging es in dieser Etappe? Die wohl wichtigste Erkenntnis war, dass das Herz genauso wichtig ist wie der Verstand. Der Schein des Verstandes und das Sein des Herzens mussten in Übereinstimmung gebracht werden. Es ging also darum, Herz und Verstand auszubalancieren. Ihr Verstand wetteiferte noch immer mit ihrem Herz um Aufmerksamkeit und letztlich um die Vorherrschaft. Dabei war sie anfänglich auf der Seite des Verstandes. Das Herz, das nie laut war, hatte zunächst das Nachsehen – doch es war sehr geduldig. Das merkte Marie, als es richtig unbequem für sie wurde.

Doch wo war ihr Herz und was wollte es? Marie erkannte, dass sie ihr Herz nicht finden konnte, wenn sie weiter in der Außenwelt nach ihm suchte. Sie hatte zwar einen Draht zu ihrer Herzensstimme gefunden, doch es reichte nicht, nur die zarte Stimme zu hören. Sie musste sich intensiv mit ihrem Herz auseinandersetzen, sich einlassen und ihm unaufgeregt zuhören. Dann konnte sie Herz und Verstand verbinden.

Sich nach innen zu wenden, war ihr bereits vertraut, doch ihre alten Methoden funktionierten nicht mehr. Wieso konnte sie sich auf Bekanntes nicht mehr verlassen?

Marie gelang es mehr und mehr, sich selbst zu beobachten. Dadurch konnte sie von ihren scharfen Urteilen und Wertungen schrittweise abrücken. Es entstanden wieder Räume der Leere und der Stille, neue, bislang unbekannte Räume.

Marie ging immer weiter, auf diesem Weg vom Schein zum Sein. Dabei fand sie heraus, dass Schreiben nach wie vor ihr stärkstes Ausdrucksmittel war. Sie schrieb leicht und frei. Das war auch in ihrem ersten Leben so. Also gab es doch etwas, das ihr grundvertraut war und das sie versuchen wollte. Schreiben war nicht nur ihr Weg, Gedanken in Worte zu formen. Sie dachte über jedes Wort nach, über Bedeutungen und Zusammenhänge. Schreiben wurde für Marie zur heilenden und heiligen Tätigkeit. Dafür brauchte sie Geduld – nur mit Geduld entwickelte sie die notwendige Aufmerksamkeit. Schließlich erkannte sie, dass vor jedem Gedanken ein göttlicher Funke stand und dass sie auf die kleinsten Dinge achten musste, wenn sie aus dem Herzen schreiben wollte. Es wurde ihr täglich klarer, dass es gerade darum ging, über etwas zu schreiben, dass ihr tatsächlich am Herzen lag.

Die Themen musste sie nicht suchen, sie fanden sich wie von selbst. Sie reiste wieder mehr, sah sich Orte an, ließ sich inspirieren und stellte fest, dass sie mehr und mehr bei sich ankam, bei einer neuen, einer anderen Marie. Sie war auf ihrem Weg.

Marie wusste, dass sie dabei von einer unsichtbaren Hand geführt wurde. Ihre Seele fand Gelassenheit. Das Überflüssige fiel weg, und es blieben die Einfachheit und die Klarheit. Sie schaffte es, sich immer mehr zu konzentrieren, und stellte fest: Je einfacher und ernsthafter ihre Haltung wurde, umso besser wurden ihre Texte – auch wenn es anfangs vielleicht ein wenig unbequem war.

Damit gelang es ihr, ihr Herz und ihren Verstand zu beruhigen und sich ihr Ziel vor Augen zu führen. Ihre Absicht und das Wort stimmten immer besser überein. Dabei war die Stille die leere Stelle, die sich immer wieder zwischen die Worte fügte. Marie war noch immer auf ihrem langen Weg vom Schein zum Sein.

Ihr Wille, sich durch Schreiben auszudrücken, wurde zu einer großen Kraft, die ihr bei der Umsetzung dessen half, was ihre Seele ihr immer stärker mitteilte. Marie glaubte zutiefst, auf dem richtigen Weg zu sein und mit jedem weiteren Schritt näher bei sich selbst anzukommen. Sogar in Momenten der Dunkelheit, in denen sie die Ängste auf eine innere Leinwand projizierte, kam ihr der feste Glaube nicht abhanden. Sie war fest von ihren Fähigkeiten überzeugt und ließ sich weder von außen noch von inneren Gespenstern von ihrem Weg abbringen. Marie konzentrierte sich dann auf ihre Atmung und hörte ihren Herzschlag. Sie saß da, ohne etwas zu tun. Sie lauschte und atmete. Dann konnte sie nach einiger Zeit weitergehen.

Schreiben wurde ihre Brücke. Es eröffnete ihr alle Möglichkeiten des Ausdrucks.

Sie wusste, dass sie das war, ist und sein wird, was sie glaubte zu sein. Daher musste sie auch keine

Mantren wiederholen. Sie wusste es schlicht – Marie war Schreiben.

Sie schrieb Essays, ein weiteres Buch zu ihren bislang mehr als zwanzig Büchern, sammelte ihre Gedanken, bloggte, hielt kleine Webinare und die eine oder andere Lesung.

Zusätzlich zum Schreiben war klassische Musik ihr ständiger Begleiter. Von Musik konnte sie nie genug bekommen. Manches Mal hatte sie das Gefühl, selbst eine Partitur zu sein. Marie hörte Musik, die ihr Herz ansprach und es dann auch zum Sprechen brachte. Ein Anfang war gemacht.

Zuerst war es fast wie ein Hineingestoßensein in die Kombination aus Wort und Musik. Sie hatte dies ja bereits vor ihrem Zusammenbruch mehrfach probiert, und es hatte ihr gut gefallen. Letztlich blieb es damals aber eher dem Zufall überlassen, ob ihre kleinen Lesungen von Musik begleitet wurden. Es war nichts Systematisches, es handelte sich nicht um gezielte Zusammenarbeit. Doch nun merkte Marie, dass die Musik eine ganz besondere Bedeutung für sie und für ihr Schreiben bekam. Sie wollte sich mehr auf Lesungen mit Musik, die sie selbst mit auswählte, konzentrieren. Marie hatte sich durch ihr großes Interesse an klassischer Musik und in den Jahren mit Leo ein äußerst bemerkenswertes Wissen dazu angeeignet. Sie wusste auch rasch, welche Werke in der Stimmung zu ihren Texten passten.

Damit lockerte sie ihre manches Mal sehr tiefgründigen und inhaltsschweren Texte auf. Aus dem Zufälligen wurde mehr und mehr etwas Konkretes, Absichtsvolles. Ja – sie wollte jetzt Lesungen mit speziellem Musikteil in ihrem Repertoire haben. Marie begann gezielt Musikerinnen und Musiker, die sich für ihre Texte offen zeigten, anzusprechen. Die alten Kontakte aus ihrer Zeit mit Leo konnte sie aktivieren, und es taten sich auch viele neue Kontakte auf. Der Zuspruch für dieses Format und für ihre Texte war erfreulich groß. Daraus konnte nun endlich das so gewünschte, stabile künstlerische Standbein werden. Lesungen und Lesungskonzerte – das war es.

Es folgten bald lange Gespräche, Proben und Versuche, zusammenzufinden. Marie eröffnete sich einen neuen Bereich, und es eröffneten sich in ihr neue Räume, die sie ausfüllen konnte.

Sie experimentierte mehr und mehr mit unterschiedlichen Texten, Formaten, Musikerinnen und Musikern, ließ sich inspirieren, machte Fortschritte, und es gab auch den einen oder anderen Rückschritt. Sie erkannte, wer sie auf ihrem Weg begleiten durfte und wen sie besser zurückließ. Jeder hat sein eigenes Tempo und seinen eigenen Rhythmus. Marie traf Menschen, die ihr neue Impulse gaben oder ihr zeigten, wo sie stand und wo ihr künstlerischer Platz sein könnte, die sie jedoch dann nicht auf ihrem Weg begleiteten. Und dennoch – jeder, der ihr begegnete, ermöglichte Marie, auch bei so mancher Enttäuschung und so einigem Ärger, wichtige Erkenntnisse auf ihrem ureigensten Weg. Marie wuchs als Mensch und als Künstlerin jeden Tag ein Stückchen mehr.

Der Weg, sich auch als Künstlerin und nicht nur als Intellektuelle zu begreifen, dieser Weg war ihr vorgezeichnet. Marie war motiviert, ihn zu gehen. Es gelang ihr Schritt für Schritt, sich ihren Weg zu bahnen, durch die Musik, die sie immer wieder begleitete, durch das Schreiben und durch vermehrte Lesungen und Lesungskonzerte.

Marie schrieb zwar schon seit vielen Jahren, doch nie das, was ihr wirklich am Herzen lag. Sie hatte Angst, damit hinauszugehen, sich entblößt zu zeigen. Diese Angst musste sie nun überwinden, um sie selbst und damit wahrhaftig zu sein – das war das Entscheidende. Marie stürzte sich mit Freude in Neues, war neugierig auf das, was ihr möglicherweise begegnen würde.

Sie vertiefte sich wieder in Atemtechniken, die sie vor vielen Jahren erlernt hatte. Damals ging sie nur mit dem Zeitgeist, nun war es lebensnotwendig für Marie. Also gab es doch etwas aus ihrem alten Leben, das ihr half. Mit dem Atem kam Marie immer wieder zu sich selbst, in ihr Inneres, zu jenem Ort, wo alles beginnt und niemals endet. Zudem half ihr die Atemtechnik, ihrer Stimme bei Lesungen und Lesungskonzerten mehr Volumen und eine stärkere Nuancierung zu verleihen.

Ihr künstlerisches Standbein gewann in ihrem Leben mehr und mehr an Bedeutung. Marie ging richtig in der Kunst auf und wusste, dass sie noch einiges ordnen musste, bis sie tatsächlich einen neuen Platz in ihrem Leben eingenommen hatte.

Die Künstlerin Marie konnte sich entwickeln, weil sie zuließ, dass sich neue Räume öffneten, dass sich Neues zeigte. Es war ein wichtiger Schritt für sie getan, auf ihrem Weg zu sich selbst und zu dem Geheimnis, das man Leben nennt.

Zeitweise wollte Marie alles Intellektuelle aufgeben. Sie verband es mit ihrem alten Leben, konnte emotional nur wenig damit anfangen und empfand das, was sich in der sogenannten realen Welt abspielte, als langweilig. Es war ein starkes Gefühl, das ihr sagte: „Lass das Alte sein. Versperre dir jedoch nicht die neuen Türen und Wege."

Das Leben hatte noch mehr mit Marie vor. Es gab noch immer Überraschungen, vor allem weil sie sich mehr und mehr von Besitz- und Erfolgsdenken lösen konnte. Es war so, als ob sie aus einem Marmorblock eine Statue haute.

Marie war weiterhin auf ihrem Weg vom Schein zum Sein. Dabei war der Prozess des Erkennens und der Entstehung das eigentlich Interessante für sie. Doch jedes Erkennen verlangt auch nach Alleinsein.

Dazu war Marie nun aus ihrem tiefsten Inneren bereit.

Erfolgsdenken alleine ist ein Scheinkonstrukt unseres Verstandes. Es hindert uns daran, den Weg zu uns selbst, zu unserem wahrhaftigen Sein zu gehen. Es braucht auch das Herz bei allem Denken, Tun und Handeln. Sind Herz und Verstand in Balance, dann ist der Erfolg im Äußeren fast garantiert. Dann geht man wahrlich voran und meistert den Schritt vom Schein zum Sein.

ALLEINSEIN

„Voraussetzung für einen geglückten Wandel"

Nach einigen Monaten, in denen Marie sich vor allem ihren künstlerischen Aktivitäten widmete, fühlte sie – ja richtig, sie fühlte –, dass ihr irgendetwas fehlte. So ganz ohne den intellektuellen Bereich ging es scheinbar doch nicht. Sie wurde auch immer wieder angefragt, etwas zu schreiben und zu sagen, das sich auf ihr „altes Leben" bezog. Natürlich interessierten sie die aktuellen gesellschaftlichen Fragen. Doch mittlerweile hatte sie einen anderen inneren Zugang dazu: Das Künstlerische, das Intellektuelle und das Spirituelle verschmolzen in ihr miteinander. Es gab für Marie diese Trennung nicht mehr.

Sie fand, dass nun der Zeitpunkt gekommen war, ihre Standbeine Kunst, Intellektuelles und Spirituelles auch im Äußeren zu koordinieren und zu stärken. Sie wollte Struktur und Stetigkeit in ihr neues Leben bringen. Bei aller Freude an den neuen Aufgaben fühlte sich Marie ein wenig verletzlich, manches Mal überfordert und ein wenig kraftlos.

Sie wusste: Aus ihrem alten Leben verfügte sie über sehr viel Wissen, auf das sie wieder zugreifen konnte, wenn sie es nur wollte. Das war durchaus eine Basis für ihr zweites Leben. Sie musste einen Weg finden, auf dieser Grundlage aufzubauen und sie mit dem Künstlerischen und dem Spirituellen zu verbinden.

Es ging um die Auflösung eines scheinbaren Widerspruchs. Davon gab es in jedem Leben viele, aber die meisten Menschen fühlten sich dadurch unberechtigterweise zerrissen. Marie war klar, dass dieser scheinbare Widerspruch nur im Alleinsein aufgelöst werden konnte. Es war ein mäandrierender Prozess, oft subtil, leise und scheinbar unbemerkt. Also – auf ins Alleinsein. Marie entschied sich ganz bewusst dafür.

Alleine zu sein bedeutete für Marie nicht einsam zu sein, sondern die Grundlage, um überhaupt mit anderen sein zu können. Wer sich selbst nicht erkennt, erkennt auch andere nicht. Das wurde Marie immer mehr bewusst. Es waren jene Momente, in denen sie ihre Seele wahrnahm und Entscheidungen traf. Sie erkannte, dass sie in den entscheidenden Momenten ihres Lebens immer alleine war. Alleinsein gehörte für sie zum Menschsein. Marie verband es mittlerweile mit dem Gefühl des All-Eins-Seins. Je mehr sie an sich und an ihre innere Führung glaubte, desto mehr liebte sie das Unbekannte und das Mysterium. Sie konnte Herausforderungen leichter auf sich nehmen und damit umgehen. Die Schwierigkeiten zeigten ihr sehr deutlich, wer sie wirklich war. Marie hatte den tiefen Glauben, dass immer jemand über ihre Schritte wachte und stets an ihrer Seite war. Dabei musste es sich um niemanden Konkreten, Fassbaren, Sichtbaren handeln. Sie wusste schlicht: Da ist jemand, in dessen Arme ich mich jederzeit fallen lassen kann.

Marie fand sich selbst mittlerweile durchaus sympathisch. Daher war sie auch gerne allein mit sich und konnte die Stille und die Leere aushalten. Das war etwas, was sie in der Zeit ihrer Erkrankung gelernt hatte. Sie hatte auch keine Angst vor der Leere. In der Leere und der Stille entdeckte sie oft die größte Fülle – ein Paradoxon. Aus dieser Fülle konnte sie nahezu alles schöpfen, was ihr wichtig war. Sie ermöglichte ihr, sich selbst zu nähren und sich auf sich selbst zu konzentrieren; sie gab ihr die Chance, zur Ruhe zu kommen und nach innen zu gehen. Dort, und nur dort fand Marie die wesentlichen Fragen mit den dazu passenden Antworten.

Wenn sie zeitweilig ihre Verstandespersönlichkeit verließ und in das Allverbundensein mit dem großen Ganzen eintauchte, konnte sie in Kontakt zu ihrer inneren Quelle kommen. Durch Alleinsein wurde Marie von einer Tiefe erfüllt, aus der Kraft entstehen konnte, die Kraft, das Eigene zu leben.

Wie konnte sie an diesen magischen und imaginären Ort der Quelle gelangen? Es war wieder der Atem, der ihr die Brücke war. Mit dem Atem gelang ihr die Beobachtung des Eigenen immer rasch. Sie spürte ihre Augen von innen und fragte sich – wer schaut? Dann erkannte sie, dass es das Göttliche in ihr war, das schaute. Sie war mehr und mehr mit

dem gegenwärtigen Moment verbunden und bewegte sich weg von den eigenen Interpretationen. So
konnte eine besondere Ruhe in ihr entstehen, die sie
durch Atmen begleitete. Ihr Weg führte sie noch tiefer hinein in ihre Essenz, und sie war mit Himmel
und Erde verbunden.

In diesen Momenten eröffnete sich in ihr der hei-
lige Raum in ihrem eigenen Sein. Marie gab ihrer inneren Führung alle Freiheit. Sie erkannte sie als die
höhere Stufe von Intelligenz. Marie fühlte sich sogar
körperlich mit der Quelle allen Seins verbunden.
Dieses Körpergefühl konnte sie mit einiger Übung
jederzeit abrufen. Das verlieh ihr wiederum eine besondere Form der inneren Sicherheit.

In ihrem Alleinsein zeigten sich für Marie so
manche unergründliche Wege, besonders in bewegten Zeiten. Sie begab sich auf eine tiefe Sinnsuche –
um am Ende das Gesuchte zu finden und von ihm gefunden zu werden. Bis dahin war es für Marie eine
Berg- und Talfahrt, auf der sie sich fragte, ob der
gewählte Weg denn tatsächlich der richtige für sie
ist. Ihr Ego, das sich von Verstand und Kampf nährte, war mittlerweile deutlich ruhiger geworden.

Marie war etwas ganz Wesentlichem auf die
Spur gekommen. Sie hatte sich von vielen Identifikationen mit der Außenwelt gelöst; dadurch war sie
frei geworden, was ihr die Möglichkeit eröffnete, authentisch zu sein. Sie war nicht mehr abhängig.
Marie erkannte auch die zahllosen Masken. Sie hat-

ten für sie viel mit der Angst, einsam zu sein, zu tun. Bindet man sich nicht, lässt man sich nicht ein, so kann man nicht verletzt werden. Es ist jedoch nicht diese Angst vor Verletzung an sich, sondern vor dem Schmerz, den alte Verletzungen auslösen.

Unabhängigkeit ist eine wunderbare Maske, weil sie Scheinstärke verkörpert. Nur nicht kratzen an dieser Maske. Denn was sich oft dahinter verbirgt, ist ein verletztes Kind in einem Erwachsenenkörper. Marie war hier keine Ausnahme, jedenfalls nicht in ihrem ersten Leben. Das hatte sie in diesem neuen Leben bereits anders gemacht.

Marie erkannte, dass in ihrem inneren Raum Antworten aufstiegen, die immer richtig waren. Sie kamen aus dem Herzensverstand und dem Weisheitswissen. So entstand für Marie langsam, sehr langsam eine neue Lebenshaltung des Miteinanders, der Liebe.

Im Alleinsein entdeckte Marie ihren eigenen Weg, der selten ein gerader war. Oft waren Nebenstraßen deutlich interessanter und inspirierender. Sie zeigten Unerwartetes und gaben Impulse für eine neue Annäherung.

Marie wurde deutlich, dass sich alles um ihre Selbstliebe drehte. Sie konnte das Wort anfänglich nicht hören und wollte damit nichts anfangen. Es erschien ihr abgedroschen und substanzlos. Bis sie in sich erkannte, dass ihre Aufgabe nicht ist, Liebe zu suchen. Sie war immer da in ihr. Um sie zu entde-cken, musste sie bloß die Hindernisse innerhalb sich selbst finden und wandeln. Marie stellte fest, dass sie meisterlich Hindernisse in sich aufgebaut hatte – selbst bei ihrer zweiten Chance. Oder waren es doch Reste vom ersten Leben? Es war nicht wichtig … Konnte sie diese Hürden aufbauen, so konnte sie diese auch abbauen. Man lässt die Vergangenheit ganz hinter sich. Das wurde ihr im Alleinsein immer klarer.

Marie öffnete im Alleinsein immer wieder ihr Herz und ließ ihrem Herzensverstand und ihrem Weisheitswissen großen Raum. Damit hatte sie sich schon angefreundet. Wann immer sie etwas in der Außenwelt ablehnte, blickte sie in die Augen ihres Gegenübers und erkannte sich selbst. Alles nur wil-de Projektionen ihrer selbst … und sie lachte.

So erkannte Marie, wohl unter einigen Schmer-zen, dass dort, wo die Liebe präsent ist, das Ego zu-erst leiser wird und dann ganz verstummt.

Das Alleinsein versetzte sie in die Lage, für sich selbst da zu sein. Das war wohl das ganz große Ge-schenk in ihrem zweiten Leben. Marie war stolz auf sich, das erkannt zu haben.

Sie konnte aus der eigenen Erfülltheit heraus geben – frei von Angst, dass es keine Harmonie und keinen Ausgleich gab. Ein Mensch, der aus sich selbst heraus erfüllt ist, ist eine Quelle der Freude für sein Umfeld. Marie war zudem in der Lage, endlich auch von anderen etwas anzunehmen. Sie war auf dem Weg zur Harmonie, etwas, nach dem sie sich zeit ihres Lebens immer unbewusste gesehnt hatte.

Denn es war der Fluss, der ihr Leben bestimmte, ... entdeckt im Alleinsein – hin zum Alleinsein. Herz und Verstand begannen mehr und mehr, sich anzufreunden. Herzensverstand und Weisheitswissen.

Durch ihre zunehmende Widerstandslosigkeit entstand eine eigene, neue Welt, die das Fließen zuließ und ermöglichte. Der Wettkampf war für Marie völlig uninteressant geworden. Ihr Leben war nun eine Reise. Gerade deshalb konnte alles seinen Lauf nehmen, und Marie griff dann ein, wenn sie spürte, dass es hier und jetzt erforderlich war. Sie hatte aufgehört, den Gedanken übermäßig Raum zu geben. Sie brachte sie immer mit ihrem Herzen in Einklang.

Dies war anfänglich ein herausforderndes Unterfangen für Marie. Doch mit Übung, Disziplin und Hingabe gelang es ihr immer besser, dieses Spiel zu spielen. Diese Fähigkeiten waren für sie die Grundvoraussetzung, um Neues aus ihrem Inneren in die Außenwelt, ins Leben zu bringen.

Noch fischte sie im unklaren Wasser, doch sie wusste, es war alles nur noch eine Frage der Zeit. Sie hatte es bis hierher geschafft, also würde sie auch noch die nächsten Schritte meistern. Das stand für Marie außer Frage.

Was für ein Unterschied zu ihrem alten Leben?! Nun war Marie bereit für die Begegnung mit ihrer eigenen Seele.

Da sich alles von innen nach außen entwickelt, verlangt das Dasein geradezu nach Phasen des Alleinseins. Denn: Nur aus dem leeren Raum entsteht Neues.

WAHRHAFTIGKEIT

„Begegnung mit der eigenen Seele"

Marie hatte nun das Innen-außen-Spiel begriffen. Ihr Herzensverstand und ihr Weisheitswissen hatten ihren Platz gefunden. Sie war dankbar und stolz und bereit für den nächsten Schritt auf ihrem Weg.

Marie wollte ihr Sein in seiner Gesamtheit noch deutlicher wahrnehmen. Vor allem wollte sie ihren Auftrag noch besser erkennen und endlich die Kunst des geglückten Lebens erlernen. Marie verlangte nach Antworten. Dafür brauchte es einiges an Reisevorbereitungen.

Sie wollte auch wieder ihre Seelenführerin aufsuchen, jene Frau, die ihr vor einigen Monaten half, in ihre Ganzheit aus Geist, Körper und Seele zu gelangen und so manche Verstrickung zu lösen. Manches Mal brauchen wir Seelenführer, die uns innere Türen zeigen und in Ebenen begleiten, die wir zwar auch alleine erreichen können, aber mit deutlich mehr Aufwand und Anstrengung als mit Begleitung. Man darf nie zu stolz sein, um Hilfe anzunehmen. Dessen war sich Marie mehr denn je bewusst. Sie konnte und wollte Hilfe von außen annehmen. Sie hatte zu ihrer Seelenführerin Vertrauen gefasst. Das waren sehr gute Voraussetzungen dafür, dass die nächste Reise ins Innere wieder vieles zutage fördern würde.

Vor allem wollte Marie auf diesem Weg Klarheit darüber erlangen, warum sie immer wieder den unerklärlichen Wunsch hatte, in diesen Zustand des Schwebens zurückzukehren. Warum? War es das Gefühl der Leichtigkeit, der unerklärbaren Sicherheit, der Verbundenheit? Marie wusste es nicht. Doch sie wusste, dass sie wiederum Hilfe brauchte, um in die tiefsten Tiefen ihres Seins steigen zu können und auch wieder zurückzukommen. Ja – sie wollte immer zurückkommen, war sie sich doch schon selbst so nahe gekommen, was ihr immer mehr Freude bereitete.

Und so machte sich Marie an die Vorbereitungen zur inneren Reise zu den Wurzeln ihres Seins. Sie war bereit, hinter den Vorhang zu blicken. Es ging ihr nicht darum, den sogenannten Wahrheitsbeweis mit dem Verstand anzutreten. Sie wollte den vielen Bildern und Informationen, die sie in den vergangenen Wochen und Monaten erhalten hatte, mehr Struktur und Form geben und den Inhalt präzisieren. Marie wollte schlicht das sein, wofür sie zurückgekommen war. Sie wollte aus diesem Geschenk das Beste machen. Sie wusste, nur in ihrem Inneren findet Leben in seiner Essenz statt, hier hat alles seinen Anfang.

Da konnte ihr kluger Verstand nur ein Diener sein, ein wichtiger Diener, jedoch nicht mehr. Der

Verstand war einer von mehreren Zugängen zum Leben. Nein – Marie, dämonisierte ihren Verstand nicht. Sie hatte erkannt, wie wichtig er war auf ihrer Erfahrungsreise. Doch für diese Etappe durfte er beiseitetreten. Nun ging es darum, ihrer Intuition, ihrem Unterbewussten und ihrem Unbewussten Raum zu geben. Marie hatte alles in sich und bei sich. Sie war reisebereit.

So konnte diese magische Reise nach Abschluss der Reisevorbereitungen an einem grauen Spätherbsttag beginnen, in einem einfach, leeren Raum mit einer ausgezeichneten Schwingung, mit ihrer offenen, neugierigen, erfahrenen Seelenführerin. Vieles mochte von außen betrachtet wieder eigenartig, ja irreal klingen, doch für Marie war die Erfahrung höchst real, denn ihr war bewusst, dass sie gemeinhin höchstens zehn Prozent dessen, was sie mit ihren fünf Sinnen erfasste, auch wahrnahm. Marie tauchte nun wieder in ein großes Bewusstseinsfeld ein, das mit dem sogenannten „realen Leben" nur bedingt zu tun hatte. Doch sie begab sich voll Vertrauen in dieses andere Bewusstseinsfeld, das ihr durchaus bekannt war. Dieses Feld gab Marie all das Wissen frei, das für sie hier und jetzt passte, jenseits von Raum und Zeit. Dieses Wissen ermöglichte ihre weiteren Schritte auf ihrem Weg im neuen Leben.

Ein tiefe paar Atemzüge, Marie entspannte sich ... Sie konnte überraschend schnell in das große Bewusstseinsfeld eintauchen. Doch die erste Etappe auf ihrer Reise verlief trotz der Begleitung der Seelenführerin diffus. Marie brauchte Geduld, bis sich ein Bild in ihr entwickelte. Im Feld sein heißt nicht, Klarheit zu haben. Das braucht ein wenig an innerer Anpassung. Dann konnte sie ersten inneren Bildern begegnen.

Sie nahm sich auf einer Brücke stehend wahr und konnte weder vor noch zurück. Sie fühlte sich wie auf einem Kreuz aufgespannt, war verzagt, unruhig und unzufrieden. Sie wollte so sehr auf die andere Seite der Brücke, und doch hielt sie etwas Imaginäres zurück. Zudem wusste sie nicht, was auf der anderen Seite der Brücke war. Es zeigte sich eine tiefe Sehnsucht in ihr, diese andere Seite zu erreichen. Es tauchten seltsame bekannte und unbekannte Gestalten auf. So begegnete sie sich auf dieser besonderen Reise in verstandesmäßig nicht erfassbaren Gefilden in vielen und vielem. Es war bislang ein Stochern im Nebel. Marie blieb wohl von etwas aus der Vergangenheit gefangen.

Schließlich tauchte in ihr eine Schamanin, eine Heilerin mit Binsenkörbchen, in einem Einbaum auf. Ihr war Marie schon einmal vor vielen Jahren in einer energetischen Sitzung begegnet, und sie erkannte sich in ihr wieder. Sie sah die ihr bekannte Szene aus dieser früheren Reise in ihr Inneres, wie sie als Schamanin bei Sturm im Ozean ertrank, weil sie die Welt retten wollte und so sehr auf ihr Binsenkörbchen und ihren Ruf vertraute. Sie hatte sich für Menschen, die sie liebte, geopfert, wohl auch weil sie das Gefühl hatte, vor ihrer Abreise etwas vergessen zu haben.

Marie erkannte dieses Vergessene, das sie offenbar wie eine imaginäre Schlingpflanze gefangen hielt: Sie hatte schlicht vergessen, sich als Schamanin bei ihren Flussgeistern zu bedanken. Es ging also um etwas Einfaches, fast Banales; es ging um ein einfaches Danke für den Schutz auf ihrer Reise als Schamanin.

Dies konnte sie einfach in sich in Ordnung bringen, indem sie den fehlenden Dank nachholte. Es war eine Kleinigkeit und kein Riesenfehler. Gleichwohl, es war ein wesentlicher Teil der Lösung im besten Sinne des Wortes. Das, was sie innerlich nicht losließ, war entfernt. Für Außenstehende mag dies unwichtig klingen. Für Maries Seele war es ein großer Schritt in die Ordnung und in die Freiheit.

Alles war wichtig auf dieser Reise, jedoch nichts war so wichtig wie die Begegnung mit der Schamanin. Denn Marie musste erst diese früheren Verstrickungen lösen, um überhaupt erkennen zu können, was das große Bild war, das sich in ihrem Inneren abzeichnete.

Marie war nun endlich in Bewegung geraten. Das war ihr so wichtig. Sie bekam Luft und konnte frei atmen. Die Beklemmung war gewichen. Die Starre war aufgelöst. Sie setzte ihren Weg fort, begegnete noch weiteren inneren Figuren und Erfahrungen. Ihre Seele war die beste Führung. Manche nennen es das Höhere Selbst. Für Marie war es ihre Seele, die sie erstmals so richtig kennenlernte.

So pendelte sie das erste Mal geführt zwischen den Welten und stellte fest, dass die Trennung eine reine Fiktion war. Es gab keine diesseitige und keine jenseitige Welt. Diese Erkenntnis fuhr wie ein Blitz in sie ein, und ihr Verstand stand aus seiner Ecke auf und protestierte laut. Erschrocken blickte sie auf. Marie merkte, dass sie wie viele einer Illusion, einer Täuschung aufgesessen war. Diese Trennung war ein reines Machtinstrument, eine Fiktion zur Unterdrückung – Macht über andere zu haben, ein jahrhundertealtes Phänomen, fast so alt wie die Menschheit selbst. Marie erschrak mehrfach über diese Erkenntnis und sie erschrak darüber, wie lange sie gebraucht hatte, um dies herauszufinden, und wie viele keine Ahnung davon hatten und weiter kleingehalten wurden. Die Menschheit flog zum größten Teil unter dem imaginären Radar. Was für eine Erkenntnis! Sie wollte auf dem Radar des Seins sichtbar sein. Marie wollte Präsenz, nichts mehr als Präsenz.

Die Fähigkeit – scheinbar aus dem Nichts – zwischen Bewusstseinszuständen kinderleicht zu pendeln, die öffnete Marie all ihre Sinne. Sie erhielt Informationen aus allerlei Dimensionen. Dabei hatte sie keine Angst mehr, auch wenn ihr Verstand leise protestierte und sie an ihre akademische Ausbildung und ihr reichhaltiges Bücher- und Seminarwissen erinnerte.

Die Erkenntnis, dass es keine Trennung zwischen den Welten gibt, war wie ein großes Tor in Marie. Sie hatte endlich dieses Tor gefunden und wusste, dass sie den Schlüssel zum Öffnen in ihrer Hand hielt.

Marie schob all die Bedenken und Einwände innerlich zur Seite und war neugierig geworden wie ein Kind. So fragte sie nach dem Sinn ihres Daseins. Wenn sie sich schon entschlossen hatte, „zurückzukommen", dann wollte sie endlich wissen, was ihre Aufgabe, ihr Auftrag sei. Schreiben war ihr nicht genug. Sie wollte es schon ganz genau wissen. Vielleicht gab ihr dieses Wissen mehr innere Sicherheit. Oder war das auch eine Fiktion?

Die Antwort, die sie auf ihrer inneren Reise erhielt, schien ihr am Beginn allzu simpel: das Vermitteln zwischen den Welten, das Zusammenfügen von dem, was scheinbar nicht zusammengehört. „Ja und …?", war ihre Frage auf diese lapidare Feststellung. „Das habe ich auch schon in meinem alten Leben gemacht, und dafür bin ich geprügelt und vertrieben worden. Nicht noch mal. Nicht mit mir! Das nehme ich nicht mehr an. Ich bitte um etwas Neues!"

Doch es hörte nicht auf, aus ihr zu sprechen, leise, klar, deutlich, vernehmlich: Welten verbinden –

auf ihrer inneren Reise. Sie hatte die Illusion der Trennung erkannt und gleichzeitig konnte sie damit im Moment noch nichts Konkretes anfangen. Es reichte ihr nicht, präsent sein zu wollen. Dazu brauchte es noch ein Stück mehr.

Schließlich hörte Marie laut und vernehmlich, dass sie auch noch Vorbild sein sollte. „Also nach dem Desaster in meinem alten Leben habe ich null Interesse, Vorbild zu sein. Ich werde doch kaum gehört, geschweige denn wahrgenommen. Und ich habe gar keine Lust, mich in der Öffentlichkeit zu zeigen", kam es patzig aus ihr heraus. Man lässt die Vergangenheit ganz hinter sich ... Marie wurde ihr innerer Widerspruch erstmals richtig bewusst: Nicht Vorbild sein wollen und gleichzeitig präsent sein wollen – das ist nicht möglich.

Marie war schlichtweg sauer über das, was man ihr so abverlangte aus einer anderen Welt, oder besser: aus mehreren Welten. Irgendwie passte ihr der Auftrag so gar nicht. Sie wehrte sich mit Händen und Füßen dagegen. Sie war richtig wütend und zornig geworden und schrie sich in Rage. Vielleicht war es auch ein ungeahnter, bislang in den Hintergrund gedrängter Schmerz, der aus ihr vehement herausbrach.

Marie wollte abhauen, wieder einmal. Abhauen war für Marie ein probates Mittel in ihrem alten Leben gewesen. Wenn es ihr nicht passte, reagierte sie wie ein kleines Kind, bockig und verstockt. Und wenn es ihr schlicht zu viel wurde, dann ging sie – gleich, wohin, nur weg. Marie war eine Weltmeisterin im Abhauen und Abtauchen, wenn es ihr nicht passte und zu viel wurde.

Doch irgendetwas hielt sie hier und jetzt fest, was immer das auch war. War es die Neugier, was Präsenz und Vorbild bedeuten könnten? War es die Erkenntnis, dass die Trennung von Welten eine Riesenillusion ist, der auch sie aufgesessen war? War es die Aussicht, mit dem Alten doch etwas anfangen zu können und das zu verbinden, was so unverbindbar erschien? War es die verlockend-verführerische Möglichkeit, ihr Ego mit dem Vorbildsein zu füttern? War es die Option auf etwas völlig Neues ... Stille, Leere, Nichts.

Marie saß da und atmete. Es brodelte in ihr, und sie wurde wieder in gewohnter Weise bockig und zickig. Irgendwie musste sie fast lachen. Oder lachte etwas in ihr, über ihr, unter ihr, neben ihr, vor ihr?

Sie hatte um eine Antwort auf ihre Frage gebeten. Die hatte sie erhalten und sie wusste, niemand würde ihr die Entscheidung abnehmen, diese Antwort anzunehmen und ihren Weg zu beschreiten.

Stille, atmen, den Herzschlag pochen hören und im Hals fühlen. Stille ... ihre Seelenführerin stand neben ihr. Sie fühlte Maries Energie, nahm ihre Schwingung wahr, hörte ihren Atem ... und sie war einfach da und ließ Marie gewähren.

Marie fühlte sich in diesem Moment doch wieder alleingelassen, wie so oft zuvor ... herzlich willkommen dem alten Muster ... zu wenig wahrgenommen, unvollkommen, unvollständig, nie genug sein und ausgesetzt werden. Die Bockigkeit ging wieder in Zorn und Wut über. „Warum wieder ich?!", schallte es laut in ihr, und sie brüllte es hinaus. „Ich will das nicht mehr! Kein Kampf mehr! Kein Betteln ums Überleben. Kein Bitten um Daseinsberechtigung. Keine dauernde Hinterfragung meiner Existenz. Leicht soll es fließen. Ich will endlich auch mal glücklich und gelassen sein, zufrieden und fröhlich sein! Ich will mich auch zeigen, wie ich bin, unverstellt!"

Diese Gefühle brachen wie eine Eruption aus ihr heraus, und das tat ihr unendlich gut. Tränen rannen über ihr Gesicht, und sie ließ sie fließen. Kein Schämen und Verstecken mehr. Präsenz, sich zeigen, wahrhaftig sein.

Und dann spürte sie endlich eine Entlastung. Sie durfte die Andere sein, die Leichte, die Einfache, die Dahinfließende, die Präsente.

Sie musste nicht mehr Märtyrerin sein, die sich für die anderen umbrachte, aufopferte, immer verfügbar war, die um ihr Sein kämpfte, kaum wahrgenommen und als lästig betrachtet wurde, auf die man eintrat, die man verleumdete, die man ausgegrenzte und ignorierte, die man schlug und körperlich attackierte – weil sie Dinge sagte und damit den

Nagel auf den Kopf traf. Marie war plötzlich die Präsente.

Es war eine Menge an Erkenntnissen, die auf Marie niederprasselten. Sie war damit überfordert und glücklich zugleich. Ein seltener Zustand – auch in ihrem zweiten Leben, oder das wievielte Leben war es eigentlich? ... Egal, Marie fühlte sich nach einiger Zeit innerlich aufgeräumt und geklärt. Sie atmete ruhiger, gleichmäßiger. Nun konnte sie weitergehen und sie wollte weitergehen auf ihrer Reise. In Marie war eine seltsame Neugier entfacht.

Sie ging weiter auf ihrem imaginären Weg zwischen den Bewusstseinszuständen und bekam als nächstes serviert, dass sie die Rebellin, die Außenseiterin sei. „Na toll", kam es aus ihr. „Nichts Neues. Lasst euch doch bitte endlich etwas einfallen!" ... Wieder etwas, das ihr gar nicht behagte. Sie wollte endlich dazugehören. Dazu war sie auch zurückgekommen, meinte sie. Doch die Botschaft schallte so deutlich in ihr, dass sie doch einen Blick ins Innere wagte: aussteigen ... mmmh ... Marie lauschte weiter ... vollkommen neu beginnen – ohne Sicherheit, ohne bekannte Orientierung, nur das Sein leben ... Was sollte das denn?! Das war Marie eindeutig zu wenig, zu schwammig und vor allem zu wenig konkret. Sie wollte etwas an die Hand, das ihr den ersten Schritt unter Anleitung ermöglichte. Eine Betriebsanleitung fürs Leben. Wenn schon Geschenk, dann bitte mit Gebrauchsanleitung.

Gut – „Marie, du musst in Bewegung sein, präsent sein", kam es leise. – Aha ... in Bewegung sein, präsent sein. „Du wirst immer wieder Neues finden, ansehen, erkennen, wie sich was verbinden lässt und wie man damit den nächsten Schritt macht. Geh endlich damit hinaus. Zeige dich. Sei präsent!" Ja – damit konnte Marie in der Tat etwas anfangen: neu, Neugier, präsent sein, wahrhaftig sein. Doch wo war die von ihr so ersehnte Sicherheit?! Sie lag nicht im Geld, nicht in akademischen Errungenschaften. Sie lag schlicht im Herzschlag des Kosmos und in der inneren Verbindung mit Mutter Erde. Das klang zuerst metaphysisch – und doch konnte Marie sich damit anfreunden. Sie hatte umgehend ein inneres Bild dafür in sich.

So begann sich Bewegung in ihr zu zeigen. Und es ging weiter ... „Die Welt blickt auf dich. Du bist wichtig für sie, weil du Vorbild sein sollst." Wieder die Aufforderung, Vorbild zu sein. Das war Marie zu unspezifisch, zu global. Alles lehnte sich dagegen in ihr auf. Wichtig wollte sie schon gar nicht sein, denn das verband sie mit Anfeindungen aller Art. Sie rebellierte wieder, forderte wieder mehr, war bockig und zickig. „Ich will meines – endlich!", rief sie in den leeren Raum. Es folgte eine längere Stille.

„Bescheidenheit, meine Liebe, tut dir ganz gut." Das wollte Marie natürlich schon gar nicht hören.

Es wurde wieder still, leer, dunkel um Marie. Sie saß da und wartete, ohne zu wissen, worauf sie wartete – vielleicht eine Aufgabe und Bestimmung, von der sie gar nicht wusste, wie sie sein sollte, jenseits ihrer unspezifischen Idealisierung.

Es hämmerte weiter, beständig, stetig und klar: „Du hast einen globalen Auftrag. Das Sein leben, das Existentielle leben, darüber schreiben und sprechen und Vorbild dabei sein, Welten verbinden, präsent sein." Dafür war Marie hier.

Das ging jedoch nur, wenn Marie alle vorhandenen Rollen verließ und alle Regeln und Strukturen samt Inhalt neu für sich definierte. Man lässt die Vergangenheit ganz hinter sich ... Neue Möglichkeiten, die Freude und Angst zugleich in ihr hervorriefen. „Warum bekomme ich immer die Hämmer?!", fragte sie vorwurfsvoll in den leeren Raum. Atmen, beobachten, atmen, beobachten ... Langsam beruhigte es sich in Marie. „Die besten Schüler bekommen immer die schwierigsten Aufgaben!" – „Ach ja. Das beruhigt mich!", antwortete Marie im Geiste, noch immer wütend über all die Botschaften, die zu ihr hereinflatterten. Doch um Zufriedenheit ging es hier nicht. Es ging um Wahrhaftigkeit, einzig und allein um Wahrhaftigkeit, um die schimmernde Präsenz des Seins, das eigene Strahlen.

Dazu musste Marie nicht anders sein, als sie war. Sie stach auch so als „anders" aus der Masse hervor. Das brauchte sie nur zu leben – einfach sein, nichts gekünstelt hervorbringen. Diese schlichte Erkenntnis bedeutete wieder einen Durchbruch für Marie.

BEGEGNUNG MIT DER EIGENEN SEELE

Ab diesem Moment spürte sie, dass sie, die sich immer verlassen und unerwünscht gefühlt hatte, erwünscht und willkommen war. Beides sind weitere Voraussetzungen, um wahrgenommen und gewählt zu werden.

Marie war schlagartig klar, worum es für sie ging: Es fließt von selbst, wenn sie sie selbst war. Sie musste sich zeigen, denn sie war Vorbild. Nur darum ging es. Es ging schlicht ums Maries Sosein. Dieses Sosein ist das einzig Dauerhafte im Leben. Keine Berufung, keine Partnerschaft konnte ihr diese Dauerhaftigkeit geben. Nur das eigene Dasein zählt. Hinzu kamen das Fühlen des Herzschlages des Kosmos und die innere Verbindung mit Mutter Erde. Hier fand sie ihren Anschluss zur Quelle in sich selbst. Dazu musste Marie ein wenig üben. Doch das war sie gewohnt. Alleine das Wissen, alles in sich zu tragen, autark und selbstbestimmt zu sein, versetzte Marie in einen Zustand der großen Freude. Alles klang ein wenig mystisch. Daher hatte Marie anfänglich mehr Fragen denn Antworten. Sie begann wieder, zu atmen und zu beobachten.

Marie erkannte nach einiger Zeit, dass das Streben nach Dauerhaftem in der Außenwelt einer der großen Irrtümer ist, dem Menschen aufsitzen. Ihr wurde klar, dass die Seele dem lügenden Ego verfällt, wenn sie sich im Leben etwas Dauerhaftes in der Außenwelt wünscht. Die Suche nach Dauerhaftem macht unglücklich, weil es nicht gefunden werden kann. Es wird immer der Mangel bleiben. Das Drama des Ungenügendseins und des Verlassenseins nahm in ihrem alten Leben seinen Lauf. Es folgten das Unwillkommensein und das Nichts-wert-Sein. Alles zusammen eine fatale Mischung, die sie in ihrem alten Dasein lange in einem Hamsterrad laufen ließ. Zudem erkannte sie, das Geld keinerlei Sicherheit bietet. Es ist einzig das Fühlen des Herzschlages des Kosmos und die Verbindung zu Mutter Erde, was Sicherheit gibt – nichts anderes, nichts in der Außenwelt. Als Marie dies klar wurde, öffnete sich eine große Türe für den nächsten Reiseabschnitt. Materie im Allgemeinen und Geld im Besonderen erhielten einen neuen Platz in ihrem Inneren. Sie fühlte sich entlastet. Es begann in ihr zu fließen.

Marie wurde unmittelbar bewusst, dass die Unsterblichkeit ihrer Seele das einzig Dauerhafte ist und nur die innere Anbindung an die Quelle uns Sicherheit gibt. Das klang wenig greifbar, doch Marie bekam ein erstes Gefühl dafür, was das bedeuten könnte. Das genügte ihr für den Moment. Sie war sich ihrer Existenz absolut sicher. Mit diesem Wissen konnte sie wieder den nächsten Schritt gehen und ihre Reise durch Bewusstseinszustände fortsetzen.

Die Erkenntnis, der Mittelpunkt ihrer Existenz und damit das Wichtigste in ihrem Leben zu sein, öffnete Marie die Augen und das Herz. Sie war aufgefordert, Verantwortung für sich und ihre Entscheidungen zu übernehmen. Damit war sie frei, auch frei zu wählen. Sie nahm sich als den dauerhaften Dreh- und Angelpunkt in ihrem Leben wahr. Damit war auch klar, dass sie für viele und nicht nur für einen da war.

Das Spiel ihres Lebens bestand aus Freiheit und Verbundenheit. Es war eben kein Widerspruch. Daher konnte sie auch diesen ewigen und sinnlosen Kampf in der Außen- und in der Innenwelt endlich aufgeben.

Diese Erkenntnisse ermöglichten es Marie, sich erstmals auf ihr Leben und alles, was es ausmacht, einzulassen. Sie konnte eine innere Verpflichtung eingehen und dazu stehen.

Ihr Auftrag erschien ihr doch nicht so absurd. Es lag an ihr, ihn mit Leben zu erfüllen. Auch wenn es im Moment keine bekannte Orientierung für Marie gab – sie konnte sie sich verschaffen. Damit war ihre Neugier wieder geweckt. Die Struktur ließ so viele Freiheiten, dass sie mit ihren Inhalten beweglich bleiben konnte. Gut so, tönte es in Marie. Gut so ... mmmh ... Auftrag ... es ratterte in ihr. Wieder ging ihr Atem etwas rascher und ihr Herz pochte.

„Wie gehe ich das an?" ... Sich zu verpflichten, hatte für Marie in diesem Moment nichts mehr mit Identifikation zu tun. Sie war nicht der Auftrag, sondern sie hatte einen Auftrag erhalten. Ein feiner, jedoch ganz wesentlicher Unterschied. Damit gab es keine Anhaftungen und Identifikationen mehr. Marie wurde klar, dass die Form etwas Vergängliches ist. Das einzig Ewige … „Ja, ich weiß, es ist meine Seele. Auch wenn ich sie nicht fassen kann", murmelte es in Marie.

Wenn wir uns mit etwas identifizieren, bewirkt dies eine Abspaltung. Danach folgen Unsicherheit, Angst, Suche und letztlich Sucht.

Marie erkannte, dass sie der Raum war, aus der ihre Form entsteht. Das Feld jenseits der Form ist reine Liebe. Dort war Marie bereits und dorthin konnte sie auch immer wieder kommen, jedoch mit Rückfahrkarte, denn ansonsten konnte sie ihren Auftrag nicht erfüllen.

„Also, wenn ich den Auftrag annehme und meine Form und meinen Inhalt definieren kann, dann muss ich mich ja auch nicht mehr damit identifizieren. Dann kann ich dienen und den Auftrag ins Zentrum rücken. Mein Ego ist dann nicht mehr so wichtig", erkannte Marie. Sie fühlte sich unendlich erleichtert und frei. Es war kein Deal mit der Geistigen Welt. Das war eine wesentliche weitere Erkenntnis. Bislang empfand sie „dienen" immer als Unterordnung. Zum ersten Mal fühlte sie, wenn sie dem Begriff „dienen" nachspürte, eine große Erleichterung. War das das Geheimnis?

Die Erkenntnis, als Seele unsterblich zu sein und darin eine Dauerhaftigkeit im Sein zu begründen, machte es ihr möglich, zu dienen. So magisch-unwirklich dies klingen mag, für Marie war es zu-tiefst real.

Sie entschied sich für ihren Auftrag, Welten zu verbinden Sie wusste noch nicht, was dies konkret bedeuten sollte, doch sie wusste, dass sie, wenn sie sich entschied und innerlich verpflichtete, immer al-le Ressourcen haben würde, die sie dazu brauchte.

Es ging um den richtigen Gebrauch und Einsatz von *Herz* und *Verstand*, von Herzensverstand und Weisheitswissen. Es ging um konkrete Taten. Daran würde sie bemessen werden. Nur in der Gegenwart liegen Kraft und Tat, Mut und Heilung. Nur die Ge-genwart hat Macht über unser Leben. Sie ist unser Leben. Jeglicher Blick in die Zukunft ist unsinnig, weil er diese in die Gegenwart bringt und sich mit ihr vermischt. Damit wird das Hier und Jetzt nicht mehr lebbar.

Die Absicht des großen Architekten unseres Universums, die kennt keiner, sie bleibt dem Men-schen verhüllt. Auch das musste Marie erkennen. Langsam lernte sie, dieses größte aller Geheimnisse anzunehmen. Es gab diese unsichtbare Hand, die Marie und alle Menschen führte. Es lag alleine an Marie, sich führen zu lassen.

Nun konnte sie von dieser Reise in das, was man Realität nennt, zurückkehren. Marie fühlte sich wie-der als Wesen in ihrem Körper. Sie bedankte sich bei ihrer Seelenführerin für die Begleitung auf dieser inneren Reise, die ihr so viele neue Erkenntnisse gebracht hatte. Marie wusste, dass es nun nichts zu tun gab. Die Integration dieser Erkenntnisse erfolgte immer von alleine – solange sie sich nicht dagegenstellte. Durch diese Integration konnte sich eine neue Ordnung in Maries Seele ergeben, die sich auch im Äußeren zeigte. Veränderungen stellten sich in Maries Alltag bald ein. Die Sprunghaftigkeit und Unklarheit ging mehr und mehr in eine Stetigkeit über. Gerade diese Stetigkeit ermöglichte ihr Beweglichkeit, nach der sie sich so oft gesehnt hatte. Der scheinbare Widerspruch war aufgelöst.

Marie erlebte, wie ihr Herz den Antrieb in ihrem Leben übernahm und sich immer besser mit dem Verstand verband. Sie tat nun die Dingen, weil sie fühlte, dass sie sie tun musste, und nicht weil sie mit irgendjemandem schritthalten wollte oder einem Trend folgte. Es war keine Emotion dabei, sondern sie handelte fließend, einfach neutral und leicht.

Ihr Ego wurde zu einem ruhigen Programm, das mehr und mehr im Hintergrund saß. Es war ein Prozess, der sich entfaltete und der immer noch andauert. Sie gestattete sich, alle Zugänge, die sie neu kennengelernt hatte, meisterlich zu benutzen. Meditation, Hellwissen und Hellfühligkeit bildeten den Kern ihrer neuen Zugänge zum Leben. Was früher unkoordiniert war, war nicht strukturiert und gleichzeitig ein natürlicher Teil ihres Lebens. Durch das

Erkennen konnte sie nun Struktur in diese neuen Zugänge bringen. Sie übte täglich und konsequent das Meditieren. Es brachte sie in ein weites Bewusstseinsfeld, in dem Hellwissen und Hellfühligkeit mehr und mehr Raum fanden. Mit der Zeit waren diese Zugänge dann auch im täglichen Leben ein natürlicher Bestandteil. Hinzu kamen Eigenschaften, die Marie halfen, spielerisch an ihr Leben heranzugehen. Diese Eigenschaften umfassten die ihr eigene Offenheit und Neugier, eine unbändige Freude am Sein, Zuversicht, dass sie auf ihrem Weg geführt wird, Wertschätzung und Dankbarkeit für alles, was sie erhielt, Eigenverantwortung, Achtsamkeit, Disziplin und die Hingabe an den Moment. Sie kannte vieles bereits, doch war sich dessen nicht richtig bewusst gewesen. Nun lebte sie jeden Tag bewusster und wendete die neuen Zugänge auch an und lebte die Eigenschaften.

Natürlich machte Marie auch weiterhin menschlichen Erfahrungen. Nicht immer lief alles glatt. Doch sie grenzte diese Erfahrungen nicht aus. Sie gab ihnen Raum, verstand die Bedeutung und welche Rolle sie dabei gespielt hatte. Alles konnte und durfte sich zeigen. Nichts und keines war ein Dämon. Der Verstand half ihr dabei, ihre Realität zu entschlüsseln.

Es war das harmonische Wechselspiel zwischen den Ebenen, das für Marie zur Kunst wurde, zur Kunst ihres Seins.

Aus der Skizze ihres Seins wurde mehr und mehr eine Komposition, die sie auf die Leinwand des Lebens übertrug und weiterbearbeitete, jeden Tag aufs Neue. So wurde ihr Leben eine Bilderschau – spontan und überraschend, unbearbeitet, unstrukturiert, und doch mit einer wichtigen Botschaft.

Nun war Marie bereit für das große Geheimnis des Lebens, für die Liebe.

Die Seele ist ein weites Land. Wird uns bewusst, was unsere Seele will, so erkennen wir unseren Auftrag. Das Leben beginnt zu fließen und es macht Freude. Freude ist der stärkste Motor im Sein, denn sie ist von der Liebe getragen.

LIEBE

„Vom Anfang der Zeit bis zum Ende der Zeit"

Marie genoss die folgenden Wochen. Sie bekam mehr und mehr Boden unter den Füßen und fühlte sich in diesem scheinbar langen und oft subtilen Prozess sicher. Natürlich gab es nicht täglich Paukenschläge. Es gab Phasen, wo sich scheinbar in der Außenwelt nichts tat. In ihrem Inneren hingegen sortierten und integrierten sich die zahlreichen Erkenntnisse. Was sich wie eine Wiederholung liest, ist das Sein in seinen vielen Schichten, Gassen, Winkeln und Alleen, in seinen Plätzen, Häusern, Meeren, Flüssen, Bergen, Seen und Tälern. Das ist das Sein – und nichts anderes.

Es gelang Marie von Tag zu Tag besser, ihr Sein anzunehmen und achtsam mit ihm zu spielen. Es war kein Überlebenskampf und kein Widerstand mehr in ihr. Das Fließen mit dem Fluss des Seins war immer leichter. Natürlich gab es Tage, an denen sie etwas suchte und ins Leere griff. Sie lernte, diese Momente auszuhalten. Atmen, atmen, atmen. Wenn sie in diesem Lebensfluss irgendwo anschlug und sich an einem nicht erkannten Stein verletzte, so hatte sie alles bei der Hand, um sich zu helfen. Es gelang ihr damit, sich immer geschickter aus solchen

Situationen herauszuholen. Und sie entschied sich jeden Tag aufs Neue für die schlichte Freude am eigenen Sein.

Da Marie um ihr Dasein wusste, mit ihrem Auftrag spielte und immer konkreter wurde, fand sich auch Platz für anderes und andere Menschen. Sie brauchte ihre Zeit und ihren Raum, um auf andere zuzugehen. Doch wenn sie sich wohlfühlte, konnte sie sich durchaus öffnen, langsam und schrittweise, dabei immer auf ihr Herz hörend und den Verstand befragend.

Als Max sich bei ihr nach Jahren wieder meldete, war sie anfänglich sehr zögerlich. Sie verband mit ihm das, was man gemeinhin eine unglückliche Liebesgeschichte nennt. Diesen Klassiker wollte Marie keinesfalls wiedererleben. Mit der Erfahrung war sie durch.

Doch was wollte sie? Wusste sie das? Ehrlicherweise nein, sie wusste es nicht.

Auch bei Marie gab es alte Bilder, die in ihr aufstiegen, alte Erfahrungen und ebenso alte Anhaftungen. Nichts entsprach dem, was Marie in ihrem geschenkten Leben noch wichtig war. Es gab in ihrem Sein sowieso keine Wiederholungen, und die Liebe verlangt immer, dass man Risiken eingeht. Liebe gibt Menschen Gott sei Dank keine Erfolgsgarantie und keine Sicherheit. Sie ist auch keine emotionale Hängematte.

Marie erinnerte sich nur noch schemenhaft an das, was zwischen ihnen einmal war. Sie halfen sich nahezu zu Tode in ihren großen Veränderungen, überforderten sich – und so war es natürlich, dass diese Beziehung zerbrechen musste. Es war eine Zweckgemeinschaft, in der sich zwei, die sich durchaus mochten, durch eine jeweils große Veränderung halfen. Eine Partnerschaft? Eine Liebesbeziehung? Eine Freundschaft? Mit dem Wissen von heute war es nichts von dem. Es war ein gegenseitiges Brauchen unter dem Deckmantel, einander sehr zu mögen ...

Zurück blieben Schmerzen, Wunden und das unbestimmte Gefühl, dass es das noch nicht gewesen sein konnte. Auch wenn Marie es ungern zugab und sie sich nur noch an Weniges erinnerte, dieses Gefühl zeigte sich immer wieder in ihr. Doch sie konnte damit nichts anfangen und wollte um nichts in der Welt das Alte zurück. Sie hatte auch, mehr unbewusst denn bewusst, Angst vor einer Wiederholung der Schmerzen. Zu viel war seither in ihrem Leben geschehen. Zu viel hatte sie seither sortiert und geheilt.

Nun gut, viel war seitdem passiert – in beiden Leben. Also, was hatte sie zu verlieren? Marie konnte nur gewinnen, und seien es Erfahrungen. Warum nicht einen Versuch wagen? Sie musste nichts und niemandem ein Versprechen geben. Nur eine persönliche Begegnung würde ihr zeigen, ob es sich lohnte, neu zu beginnen.

So stimmte Marie einem Treffen mit Max zu. Die erste Begegnung nach so vielen Jahren ... der Blick in die Augen und die Feststellung, dass sie sich beide grundlegend verändert hatten. Eine gewisse Magie stellte sich sofort ein, auch wenn Marie zögerte, abwartete, es nicht so recht glauben konnte und wollte. Am Beginn dieser Wiederbegegnung – oder war es nicht doch eine Neubegegnung? – war es ein Abtasten, ein Fragen, ein Antworten, ein Anblicken, ein Aufeinander-wirken-Lassen. Nichts musste sich ergeben. Alles konnte entstehen. Das war schon gänzlich anders als beim ersten Mal ihrer Begegnung.

Keiner von ihnen wusste, ob daraus eine Beziehung würde. Ja, sie wussten beide nicht, ob sie überhaupt eine Beziehung miteinander wollten.

Es war der Kopf, der nach wie vor dominierte. Das Herz hatte bereits ganz andere Antworten gegeben und Entscheidungen getroffen. Und es konnte warten.

Manches Mal hatte dieses Nichtwissen, ob etwas zwischen zwei Menschen entsteht, auch Vorzüge. Es bedrängte nicht, erlaubte neue Formen und neue Inhalte. So gab es keinen altbekannten Druck, keinen Zwang, wie wer wann was wo zu sein hatte. Alles konnte fließen und sich frei entwickeln, jenseits von Bindungen, Erfahrungen, von Regeln und Normen, die beiden nicht mehr entsprachen und die sie auch nicht mehr aufgreifen wollten.

Der Blick in den Spiegel gab beiden die Antworten, manches Mal mit Zerrbild, manches Mal in einer betäubenden Hässlichkeit. Gelegentlich auch in einer unglaublichen Schönheit, Anmut und Eleganz. Von allem, was beide bislang gelernt hatte, war die Liebe wohl die größte Herausforderung.

Bei allen Fragen, Widersprüchen und manch leisen Zweifeln – bei allem schwang etwas mit, das so anders war als alles, was es für Marie davor gab, so sie sich erinnerte und daran erinnern wollte. Es war keine Fortsetzung und schon gar keine Wiederholung von Altem. Sie hatte das Gefühl, dass sie beide viel mehr verband als nur eine große Anziehung und Leidenschaft – der große Wunsch nach Angekommensein, Geborgenheit, Nähe und Füreinanderdasein. Beide wollten miteinander wachsen, auch wenn ihnen dies erst im Laufe der Zeit bewusst wurde.

Irgendwann fragte sich Marie, ob sie verliebt in Max sei. Nein, sie war nicht verliebt in ihn. Wo waren die berühmten Schmetterlinge im Bauch? Sie konnte sie nicht spüren. Ein bisschen Aufgeregtheit. Ja, vielleicht. Eigenartig, dachte sie. Was ist es dann? Es ist so viel mehr, so ganz, so umfassend. Sie wollten Zeit miteinander verbringen, miteinander sprechen und einander zuhören und so herausfinden, was sich zwischen ihnen entwickeln konnte. Das Geschenk, das sie beide durch die Neubegegnung erhalten hatten, das schätzten und pflegten sie. Es war gleichgültig, ob sie beisammen waren oder jeder seinen Weg ging. Sie waren einander immer präsent.

Wenn er wollte, konnte Max Marie auf dem Lebensweg begleiten. Doch er musste dazu auf sie zukommen. Sie würde nichts dergleichen tun – und das war gut so. Sie lernte, was es heißt, zu empfangen und einmal nichts zu tun. Sie begriff, dass sie sich und auch ihn damit stärkte. Es war ein nicht immer ganz einfacher Lernprozess für Marie, die das Tun so gewohnt war. Auch in diesem Bereich ihres Lebens durfte sie das Sein lernen.

Irgendwann hatte sie den Dreh heraus, und es lief. Diskussionen und unterschiedliche Standpunkte waren lediglich Ausdruck, dass wieder Wachstum angezeigt war. Und das konnten sie auch aushalten, denn Max kam immer wieder auf Marie zu – ganz natürlich.

Aus dieser Kraft und neuen Rolle heraus war Marie mutig und legte erstmals ihre Wünsche vor Max hin. Alles, nur das hatte er nicht erwartet. Nämlich, dass Marie keinerlei Erwartungen im herkömmlichen Sinn hatte, dass sie keine Forderungen stellte, bestenfalls da und dort einen Wunsch äußerte. Es kam kein Druck und wenn dann vielleicht unbewusst. Marie wollte einfach nur sie selbst sein und wachsen.

Nach einigen Monaten war Marie mittlerweile klar geworden, dass sie eine innere Verpflichtung

eingehen musste, wenn sie wollte, dass die Beziehung zu einer richtigen Beziehung mit Substanz
wurde. Sie, die immer wieder Flüchtende, die Unverbindliche, sah sich davor, sich innerlich verpflichten zu müssen. Es war kein Zwang, sondern
eine Aufforderung, die aus ihrem Inneren kam, einfach so. Daher rang sie nicht mit sich, sondern machte sich dies bewusst. Bevor sie nicht mit sich selbst
die wichtigen Dinge diskutiert hatte, brauchte sie
gar nicht an Max herantreten. Erst musste sie sich
selbst innerlich verpflichten. Dann konnte sich in
der äußeren Welt zeigen, was sich zeigen sollte.

So lernte sie für sich, herauszufinden, was sie
überhaupt in der Beziehung wollte und von dieser
Beziehung wollte. Sie stellte sich eine Reihe von
Fragen, die auf den ersten Blick banal erschienen.
Marie fand heraus, dass sie sich nie zuvor diese Fragen gestellt hatte. Daher waren auch einige Beziehungen in ihrem alten Leben gescheitert. Kein Wunder – wenn sie selbst nicht wusste, was sie wollte,
wie sollte der andere es dann wissen?! Das war wohl
eine der Schlüsselerkenntnisse.

Marie setzte sich also hin und stellte sich einige
Fragen wie: Was bin ich, Marie, bereit, in die Beziehung einzubringen? Was erwarte ich von Max und
wie soll er mir dies mitteilen? Wer bin ich in Bezug
auf die Liebe und die Beziehung? Was braucht es,
damit ich mich in der Beziehung angekommen füh-
le? Was macht eine außergewöhnliche Beziehung

für mich aus? Was erwarte ich von Max? Wie will ich geliebt werden? Wie soll er mir seine Liebe mitteilen und wie oft? Welche Bedeutung hat Sexualität für mich und wie will ich sie leben? Wie gehe ich mit meiner Partnerschaft in der Öffentlichkeit um? Wie viel Zeit will ich mit ihm verbringen?

Marie nahm sich viel Zeit für die Beantwortung dieser Fragen – und es kamen noch einige hinzu. Sie spielte mit Möglichkeiten, fühlte sich hinein und war erstaunt, wie offen sie zu sich selbst sein konnte. Alleine dies war eine der Voraussetzungen, um auch in der Beziehung offen sein zu können.

Nach einigen Wochen hatte sie ihre Antworten und teilte sie Max mit. Er begegnete ihr mit großem Erstaunen. Nie hatte er sich solche Fragen gestellt, geschweige denn Antworten darauf bekommen. Marie forderte nichts von Max. Sie machte ihm einfach klar, was ihr wichtig war und was sie leben wollte.

Es folgte eine der aufregendsten Diskussionen, die weitere Klarheit brachte. Marie wusste instinktiv, dass sie in ein Wespennest gestochen hatte.

Doch Max war einer, der sich zurückzog, reflektierte und dann, wenn sie nicht mehr daran dachte, seine Erkenntnisse und Entschlüsse darlegte. Sie wusste nie, wann, wie und wo er dazu kam – und es war gut so, denn ansonsten hätte sie sich in Dinge eingemischt, die sie so gar nichts angingen. Jeder hatte seine Art, seinen Weg zu finden und zu gehen.

Daran gab es nichts zu beanstanden. Früher hatte sie alles mit dem Verstand und dem Willen in ihrem Sinne hinbogen und war damit letztlich gescheitert, weil beide damit nicht glücklich waren. Doch all das war nicht mehr erforderlich. Sie hatte gelernt, zu vertrauen und das Leben fließen zu lassen. Es erleichterte sie und es machte ihre Beziehung deutlich einfacher.

Marie war in all den Wochen klargeworden, dass sie diese Beziehung mit Max eingehen wollte. Sie wollte sich einlassen und sie wusste, dass es stimmig war. Dies war ihr von einem Moment auf den nächsten zur inneren Gewissheit geworden und gab ihr Halt, gemeinsam mit dem Wissen, dass sie das Zentrum ihres Daseins war und nichts und niemand in der Außenwelt. Es war ein Akt des Bewusstseins.

Marie hatte sich nie bewusst in einer Beziehung verpflichtet und hatte zudem ein falsches Bild von Freiheit. Freiheit war für sie immer der Gegenpol zu Verpflichtung und Verbindlichkeit. Nie kam sie auf die Idee, dass beides möglich sein könnte. Doch es war möglich!

Wenige Wochen später meinte Max, dass er sich für die Beziehung mit Marie entschieden hätte. Maries Herz machte einen Sprung, denn sie hatte darum nie gebeten, hatte es auch nicht erwartet. Sie hatte einfach den ersten Schritt gemacht und vertraut. Und es war ihr leicht gefallen, weil sie diesen

Schritt für sich gemacht hatte und nicht auf ihn wartete.

So hatte sie die Bestätigung der Außenwelt, dass es in einer fließenden Art und Weise weiterging.

Marie vertraute stets darauf: Wenn sie für sich den Schritt machte und ihr klar war, was sie wollte, würde es sich nach einiger Zeit in der Außenwelt zeigen. Mit Max lag da keine Ausnahme vor. Sie hatte Geduld, legte die Themen zur Seite, wenn sie für sie erledigt waren, und freute sich, wenn sich in ihrer Beziehung weitere Entwicklungsschritte zeigten. Eigentlich ein sehr einfacher und bequemer Weg. Man muss ihn nur erkennen und vertrauensvoll gehen. Damit kann man sich viel Leid und viele Konflikte in Beziehungen ersparen.

Marie wusste, es würde sich nichts wiederholen, weil es eine völlig neue Begegnung unter neuen Bedingungen war. Die Wiederkehr der Zeit, die endlosen Wiederholungsschleifen gab es nicht mehr, weil es nichts mehr zu wiederholen gab. Wenn sie nicht wollten, mussten sie die Zeit auch nicht wiederkehren lassen. Sie hatte es in der Hand und sie wussten sehr wohl, damit umzugehen. Ihnen war ein Neuanfang geschenkt worden, da alles Alte ausgeglichen war. Natürlich gab es Diskussionen und Meinungsunterschiede. Doch diese machten die Dynamik zwischen ihnen aus. Jeder konnte den anderen sein lassen. Das mag ideal klingen, war jedoch das Ergebnis von vielen Gesprächen und von Klarheit im eigenen Sein.

Max merkte mehr und mehr, dass es noch etwas anderes gab als im Wettbewerb und im Kampf zu sein. Gelegentlich gab ihm das Leben anspruchsvolle Aufgaben. Er durfte innehalten und einen Blick auf scheinbar nicht so Schönes riskieren. Marie hielt sich dann im Hintergrund, fragte nicht, sondern ließ ihn gewähren. Er sollte seinen Weg finden und auch gehen können. Wenn dies geschah, dann war auch der gemeinsame Weg möglich.

Damit unterschied sich Marie von vielen Frauen, die versuchen, den Mann auf ihren Weg zu zwingen. Nicht, dass sie es nicht auch versucht hatte, in ihrem alten Leben. Jetzt war ihr klar, dass das nicht erfolgsversprechend war, jedenfalls nicht über einen längeren Zeitraum. Eine stimmige Beziehung besteht aus zwei getrennten Wegen, die gemeinsame Kreuzungspunkte und Wegstrecken haben. Jeder hat sein eigenes Pferd und darf immer wieder und wieder wählen. Gelegentlich reitet man beim anderen mit und führt das eigene Pferd am Zügel nebenher. Das ist jedoch kein Dauerzustand ... Ja, mit diesem Bild ließ sich für Marie ihre Beziehung am besten beschreiben.

Aus dieser Freiheit kam Max immer wieder und wieder zu Marie, und Marie kam zu Max. Jeder konnte auch seine Aufgaben auf dem Weg durchleben und meistern – wohl auch im Wissen, dass er jederzeit zum anderen kommen konnte und fragen durfte. Sie waren einander Mensch, Mann und Frau, Freunde, Gefährten, Kameraden, Sparringspartner ... und noch so manches mehr. Freiheit und Verbindlichkeit konnte nebeneinanderstehen und waren sogar Bedingung füreinander, sodass Marie sich endlich auch innerlich in der Beziehung angekommen fühlte und bleiben wollte.

Sie spürte, wie leicht und einfach sich alles zwischen ihnen entwickelte. Sie konnte jederzeit aussteigen, war nicht abhängig und fühlte sich gleichzeitig dieser Beziehung verpflichtet. Sie brauchte die alten Hintertürchen nicht mehr, durch die sie vielleicht, wenn es einmal nicht so lief, wie es ihr Verstand unbedingt wollte, hätte flüchten können. Nein – Marie stellte sich allem, das ihr in dieser Beziehung begegnete, dem Schönen wie dem weniger Schönen, dem Angenehmen wie dem weniger Angenehmen, dem Licht wie dem Schatten. Diese Beziehung wurde ihr zum Ort der inneren Heilung. Endlich konnte Liebe Raum in Maries Leben einnehmen.

Diese Liebe begann, sie zu verwandeln und zu heilen – nachdem sie sich für sich selbst entschieden hatte. Sie war purer Glaube und pures Sein – kein Tauschgeschäft, kein Handel, keine Bedürftigkeit. Die auftauchenden Widersprüche ließen beide wachsen. Manche Auseinandersetzung hielt die Liebe an ihrer Seite. Marie wusste, sie konnte nichts verlieren. Daher warf sie sich in diese Liebe mit dem offenen Herzen eines Kindes.

Und – sie schwieg in der Außenwelt zu dieser Beziehung. Nein, nicht dass sie unsicher war oder sich gar schämte. Nein, überhaupt nicht. Sie gab damit Fremdmeinungen keinen Raum. Wer will denn schon Unkraut im Garten!? Und jede Beziehung ist ein Garten. So konnte sich ihre Beziehung entwickeln – wie ein Same, der gesät wurde, einige Zeit unter der Erde lag und dann an die Oberfläche drang und weiterwuchs. Was zum Vorschein kam, war eine wundervolle Blume, die so viele Blüten trug, dass Marie sicher war, sich noch lange daran zu erfreuen. Und sollte sich Unkraut von innen einschleichen, so war ein offenes Gespräch nach mehrmaligem Durchatmen die Lösung.

So entwickelte sich eine Gesprächskultur zwischen den beiden. Nichts brodelte unter der Oberfläche, sondern alles wurde angesprochen. Denn – so einzigartig jede Beziehung ist, so einmalig Momente miteinander sind – es ist der Alltag, der zeigt, ob man es gemeinsam schafft. Es sind die gewöhnlichen Momente, in denen es zum Beispiel darum geht, wie lange man für etwas brauchen darf und dass man im Schlaf schlicht ungestört sein will. Entscheidend ist dann, auch Wegstrecken allein zu gehen und danach wieder einen gemeinsamen Weg zu finden. Das war wohl eines der weiteren Geheimnisse zwischen Max und Marie. Gab es überhaupt so etwas wie ein Geheimnis für eine gelungene Beziehung? Darauf gibt es keine eindeutige Antwort, weil es eben individuell ist, wann eine Beziehung gelungen ist und was man dafür getan hat.

Warum gelang diese Beziehung? Vielleicht auch, weil sich beide ihre kleinen Geheimnisse bewahrten, sich als Mensch nicht komplett aufgaben und durchleuchten ließen. Das Geheimnis machte sie füreinander interessant und gab der Überraschung Raum. Es bewahrte die Grundspannung im Leben.

So konnte Gemeinsames und Unterschiedliches nebeneinander bestehen und für Stetigkeit und Dynamik in ihrer Beziehung sorgen. Was wollte sie mehr? Alles war möglich ...

Ja, Liebe war für Marie nur ein Wort, bis zu dem Tag, als sie zuließ, dass die Liebe von ihr Besitz ergriff und dieses Wort mit Sinn erfüllte. Die Liebe ist eine derart starke Energie, dass sie nie und nimmer verloren gehen kann. Sie zeigt sich auf ungeahnte Weise. Die Liebe ist – nicht mehr, nicht weniger. Sie kam, als Marie sie am wenigsten erwartete.

Sie wusste – es ist oft der letzte Schlüssel im Bund, der die Türe zum Herzen öffnet. Liebe muss keinen Regeln folgen. Liebe ist immer die Ausnahme ... Die Liebe ist auch die Grundlage, um Träume mit Leidenschaft zu leben.

Wahre Liebe ist ein Seinszustand, der alle Hindernisse überwindet. Sie beginnt in uns selbst. Dann erst kann sie sich in der Beziehung zu anderen entfalten.

Sie braucht Freiheit und bedeutet zugleich Verpflichtung. Und – Liebe kennt weder Anfang noch Ende.

FREIHEIT

„Träume leben"

Mehr als zwei Jahre nach dem Zusammenbruch, wie sie es nannte, gelang es Marie besser und besser, zwischen den Welten zu pendeln, weil sie in sich immer stabiler wurde. Ihr hohes Maß an Eigenliebe, ihr starker Selbstwert und ihre Beziehung gaben ihr zusätzlich Stabilität. Sie hatte den Zauber von Stetigkeit und Ruhe entdeckt.

Marie erkannte die kosmische Ordnung und empfand sich als Teil davon. Diese Ordnung gleicht einem Tanz aus aktiv und ruhig sein. Das Weibliche ist waagrecht. Das Männliche ist senkrecht. Dass sie in beiden Welten lebte, in der Innen- und der Außenwelt, im Weiblichen und im Männlichen, das war Marie schon seit Längerem bewusst.

Sie hatte ihr Herz entdeckt. Es war der Gegenpol zum Verstand. Nur auf das Herz zu hören, bedeutete für sie, im Extrem des anderen Poles zu leben.

Nun galt es, mit beidem zu spielen und dieses Spiel zu vervollkommnen. Marie lernte, zu integrieren und nicht mehr zu unterscheiden. Die große Trennung, wie sie es immer wieder nannte, sie war damit immer wieder aufgehoben. Es gelang ihr immer besser, ihre Träume, ihre Leidenschaft und ihren unbändigen Wunsch nach innerer Freiheit miteinander zu verbinden. Auch das war ein Spiel, ein Manifest des Seins aus Werden und Vergehen.

Wie lief dieses Spiel nun ab? Der Verstand, also der männliche Weg, dominierte bei ihr viele Jahre alles andere. Sie hatte ihn, wie viele Menschen, kultiviert. Dabei übersah sie, dass sie sich vom Verstand beherrschen ließ. Das änderte sich nun. Der Verstand brachte sie nicht mehr weiter, weil sie mit ihren Gedanken außerhalb ihrer selbst war. Den Verstand zurückzunehmen, bedeutete eine Entlastung für sie selbst und für ihren Verstand. So konnte das Weibliche immer mehr seinen Platz in ihr einnehmen.

Die Verdammung des Verstandes war für Marie mindestens gleich unsinnig wie die Überhöhung des Herzens. Zeitweilig konnte es sinnvoll sein, sich auf einen Pol zu fokussieren, um diesen zu entwickeln und zu stärken. Das erreichte sie durch Beobachtung, Gewahrsein und Nichtidentifikation. Was wie eine Wiederholung erscheint, ist der natürliche Prozess im Sein. Sie wurde immer geschickter, weiser und schneller darin, zu erkennen, wo sie sich gerade befand und wer nun am Zug war.

Es war die Hingabe, die sie lernen durfte, insbesondere die Hingabe an den kosmischen Moment. Der Atem half ihr dabei sehr. So ließ sie sich nicht mehr ausschließlich von den Gedanken in Griff halten und vom Ego steuern. Dieses Ego, welches bei

Marie sehr ausgeprägt war, nährte lange den Widerstand und den Kampf. Das war nun vorbei.

Marie war immer öfter mit dem gegenwärtigen Moment verbunden und entfernte sich von den eigenen Interpretationen. So entstand eine Ruhe in ihr, die sie durch Atmen begleitete. Die Begegnung mit der Essenz war unausweichlich. So eröffnete ihr Sein den heiligen Raum in ihr. Ihre Intuition wurde zu ihrer höheren Intelligenz, die viel umfassender war, als Marie es sich vorstellen konnte.

Schließlich kam sie auf ihre Spur, wurde frei und authentisch. Sie erhielt dann immer klarere Antworten, die immer richtig waren. Sie kamen aus dem Herzen und nicht aus dem Verstand alleine. Dann entstand eine neue Lebenshaltung des Miteinanders.

Durch ihre Widerstandslosigkeit formte sich eine eigene, neue Welt, die den Fluss des Seins zuließ.

Marie lernte, etwas, das sie im Moment nicht verändern konnte, anzunehmen. Das klare innere Ja entlastete und entspannte sie. Manches Mal brauchte sie dafür mehrere Anläufe. Doch sie meisterte es immer wieder, schlicht dieses Ja zu sagen. Dadurch konnte sie die Energie aus einer Sache und einem Gefühl herausnehmen und das Leben fließen lassen. Das ist wahre Kunst, weil es erfordert, Bewertungen hinter sich zu lassen und sich in das Sein zu begeben. Herz und Verstand werden zu Herzensverstand und zu Weisheitswissen vereint. Der Tanz zwischen beiden konnte beginnen und den eigenen Rhythmus und Takt finden.

Es wurde für Marie daher zur inneren und äußeren Selbstverständlichkeit, dass sie sich im Intellektuellen, im Spirituellen und im Künstlerischen wohlfühlte. Sie musste nicht mehr zwischen verschiedenen Bewusstseinsebenen hin- und herspringen, weil sie in ihr eins waren. Es brauchte zwar einiges an Übung, doch es ging immer einfacher für sie. Wie? Sie konnte es kaum in Worte fassen. Vielleicht ließ es sich am ehesten dadurch erklären, dass sie sich täglich für die Freude entschied. Vielleicht war alles eine Frage von Bewusstsein und gelebter Achtsamkeit für das Unscheinbare und das Kleinste. Dann konnte auch die Fülle mehr und mehr in ihr Leben treten.

Marie war klar, dass sie dabei keine Angst haben durfte. Angst und Gefahren zeigten sich als zwei unterschiedliche Aspekte. Sie musste immer wieder das Vertrauen und den Mut aufbringen, um auch den einen oder anderen Fehler, die eine oder andere Erfahrung machen zu können.

Durch manche Niederlage lernte sie, noch genauer auf ihren Weg zu achten. Ihr Glaube brachte sie weiter, auch durch so manche sehr dunkle Nacht. Dabei erkannte sie, dass letztlich zu jedem Tag auch die Nacht gehörte. Keiner konnte ihr eine Garantie geben, was als Nächstes kam. Und doch ging sie weiter und schritt voran. Sie war in ihrem Vertrauen und Glauben unerschütterlich, selbst als sich unerwartete Dinge zeigten.

Ihre Beziehung war ein weiteres Feld, das sich fließend entwickelte. Sie musste nur ein wenig beobachten, sie selbst sein sowie darauf vertrauen, dass das Leben immer auf ihrer Seite war und das Universum nie Fehler machte. Zudem war es hilfreich, so wenige Erwartungen wie möglich zu haben. Dann gab es keine Enttäuschungen, sondern bestenfalls Überraschungen. Erwartungen münden in Frustration und Ungeduld. Sie sind Ausdruck, mit dem göttlichen Timing nicht einverstanden zu sein, kontrollieren zu wollen und dem Ego einen ungebührlichen Raum zu bieten. Gleiches gilt für ein passives Abwarten, dass „es" schon gerichtet wird. Manches Mal musste Marie schlicht den Mund aufmachen, ihren Standpunkt und ihre Wünsche artikulieren, ohne Angst zu haben, den anderen zu verlieren. Verlust war die nächste Illusion, der Marie nicht mehr aufsaß. Ja – und ganz hilfreich war es gerade in der Beziehung, die Vergangenheit auch tatsächlich hinter sich zu lassen. Die Türe wurde geschlossen und versiegelt.

Marie hatte die Prinzipien verstanden und in ihr Inneres aufgenommen. Aus diesem Wechselspiel entwickelte sich ihr Sein leichter und leichter. Weg mit all dem Ballast, mit den Normen und Regeln, die so gar nicht zu Marie passten. Sie ließ alles an sich abperlen. Und sie fühlte sich von Tag zu Tag freier und in sich stimmiger. Wenn sie stolperte, stand sie auf und wusste rasch wieder, wo sie hinzugehen hatte. Die kleinen Fehltritte, die immer wieder geschahen, konnte sie schnell wieder ausgleichen.

Ja – manches Mal sehnte Marie sich zurück nach der Unbeschwertheit, nach der völligen Unabhängigkeit von materiellen Dingen. Doch wusste sie gleichzeitig, dass dort nicht ihr dauerhafter Platz ist, noch nicht – und das hatte sie sich beim Zurückkommen versprochen und auch versprechen müssen. Daher konnte sie mit dieser Sehnsucht sehr gut umgehen. Sie nahm sie wahr, beobachtete sich und sie. Denn sie stellte fest, dass es ein undefinierbarer Wunsch war, der einfach da war und der sie nach einiger Zeit auch nicht mehr weiter störte. Er war auch Teil von ihr. Wahrscheinlich wünschten sich vielen Menschen, einmal aus sich auszusteigen und in die Sorglosigkeit auf allen Ebenen des Seins einzutauchen. Doch das war nie die Vereinbarung. Wünsche sind Wünsche, und Vereinbarungen sind Vereinbarungen. Es lag an Marie, auch der Materie den gebührenden Platz in ihrem Sein zu geben. Die bewusste Erdung machte ihr das immer leichter möglich. Nichts abtrennen. Nichts ausschließen – auch nicht die Materie und schon gar nicht das Geld. Marie wollte so vieles wie möglich in sich integrieren. Sie vertraute auf die Wirkungen dieses inneren Prozesses – und die Entwicklungen in ihrer äußeren Welt bewiesen, dass sie auf dem richtigen Weg war.

Am leichtesten konnte Marie über das Atmen hin- und hergleiten und die Trennung aufheben. Der Atem brachte sie in ihr Zentrum, und dann war es nur ein Wimpernschlag, und sie gelangte von der Materie in den Geist und weiter hinaus und auch wieder zurück.

Neben dem Atmen half ihr das Schreiben, in diese Welten einzutauchen. Die Kombination erwies sich für Marie als unschlagbar. Dabei tauchte sie in etwas ein und tauchte nicht ab. Sie war präsenter als je zuvor und nahm viel mehr wahr.

Marie verband das Konkrete und das Unkonkrete und vieles, was zwischen diesen beiden Extremen lag; es waren eigene Welten, die sie immer wieder durchstreifte, neugierig, offen, einfach seiend. Das klingt magisch-mystisch. Ja – es war magisch und mystisch, denn Marie erkannte jedes Mal mehr, wie viel es außerhalb des Konkreten, außerhalb der Materie gab und wie eingeschränkt die Wahrnehmung über unsere fünf Sinne doch ist. Und das hat nichts mit dem Empfinden des Schwebens „weit da draußen" zu tun. Nein, es waren eigene Zustände, eigene Welten, die sich ihr eröffneten. Welten, die sie auch ergründen wollte, weil sie ihr so viele Erkenntnisse ermöglichten.

Es verwirrte sie auch immer weniger und sie wusste, sie kam ihrem großen Traum immer näher, der auch in ihrem Auftrag begründet lag. Sie hatte eine Phase erreicht, in der dieser Auftrag zu ihr selbst geworden war – ein untrennbarer Teil von ihr. Auch diese Trennung war aufgehoben. Das gefiel ihr. Sie liebte ihren Auftrag, weil er ihr Freude bereitete und sie ihn mit großer innerer Freiheit ausführen konnte. Es war eine besondere innere Beziehung zwischen ihrem Auftrag, Welten zu verbinden, und ihr als Mensch und vor allem als Seele. Sie tat das, was sie am liebsten machte und am besten konnte und bereicherte Menschen damit. Was kann es Schöneres geben?

Alles, was früher Fragen aufwarf, so beispielsweise, ob sie mit dem Schreiben jene Ressourcen bekommen würde, die sie für das materielle Leben brauchte, all das hatte sich in dem Moment aufgelöst, als Marie begriff, dass die Materie das logische Ergebnis ihrer inneren Prozesse, vor allem der Freude im Tun, war. Alles war miteinander verbunden. In dem Moment, als sie aus sich heraus ihren Auftrag angenommen hatte, mutig war, Gelassenheit im Tun übte, vertraute und damit ihren Traum lebte, begann alles in eine Linie zu fallen und zu fließen. Das gesamte Universum half ihr. Dinge geschahen, die sich Marie vorher nie hatte vorstellen können. Oft waren es kleine Begebenheiten, die in Maries Leben entscheidend für das große Ganze waren. Immer wieder waren es unspektakuläre Dinge, die einfach so – aus dem scheinbaren Nichts heraus – geschahen ... zufällig ... sie fielen Marie zu, weil sie hier und jetzt fällig waren. Einfach so.

Schreiben wurde zu Maries Hauptbeschäftigung. Im Schreiben konnte sie alles vereinen, was ihr wichtig war – Spirituelles, Intellektuelles, Künstlerisches. Ob Bücher, Essays oder ihre wöchentliche Kolumne, alles hatte seine Berechtigung und Marie liebte diese vielfältige Ausdrucksmöglichkeit. Wenn Marie sich hinsetzte und zu schreiben begann, dann verschwammen alle menschengemachten Grenzen und Begrenzungen. Dann war der Verstand ihr Diener. Schreiben war für sie die natürlichste Form ihres Selbstausdrucks. Sie empfand dabei die höchste Form an Freude und Freiheit. Es floss aus ihr, aus ihrem Sosein.

Damit öffnete sich durch das Schreiben als Ausdruck, bewusst Welten zu verbinden, eine scheinbar ewig verschlossene Türe, an die Marie gar nicht mehr gedacht hatte.

Ja – Marie hatte immer leicht und gerne geschrieben. Ihre umfangreichen akademischen Arbeiten zeugten ebenso davon wie ihre akademischen Abschlüsse. Doch wie sie in ihrem zweiten Leben schrieb, war in keiner Weise damit zu vergleichen, wie sie davor schrieb. Die Themen ergaben sich durch Gespräche, durch Lesen, durch Nachrichten und aktuelle Geschehnisse.

Doch jetzt waren die Fragen einfach da, und sie setzte sich hin und ließ die Finger über die Tastatur ihres Laptops gleiten. Die Finger flogen, und sie musste keine Sekunde im herkömmlichen Sinn nachdenken. Die Worte waren da, die Sätze formten sich durch ihre Finger. Das Denken kam in diesen Phasen völlig zur Ruhe. In dem Moment, als sich der Verstand wieder bemerkbar machte, hatte sie das Gefühl, aus der inneren Kurve zu fliegen. Wenn der Geist ruhte, dann konnte ihr Innerstes den Raum einnehmen und dann war alles vorhanden und kam zum Ausdruck, was hier und jetzt geschrieben werden wollte.

Marie fühlte in solchen Phasen, die sie über alles liebte, eine bislang nicht gekannte Fülle, eine Freiheit und gleichzeitig eine Sicherheit beim Schreiben, die einzigartig war. Sie versank im Schreiben, das zu ihrem Leben geworden war. Sie verschmolz mit dem Schreiben und ging völlig darin auf. Es waren diese unbeschreiblichen Traummomente, die geschahen und die sie geschehen ließ. In dem Moment, als Marie sich innerlich nackt machte und den Mut fand, sich auch nackt zu zeigen, folgte auf ein Wunder das nächste. Sie musste sich dabei vollkommen exponieren und sterben. Jedes Mal erstand sie dadurch aus ihrer Asche aufs Neue. Schreiben wurde zu ihrem persönlichen Stirb-und-werde-Prozess. Schreiben war der Ausdruck ihres Seins.

Ja, auch hier hakte es manchmal – dann, wenn sie nachzudenken begann, was denn die Leser zu ihren Texten sagen würden, wie die Texte aufgenommen werden würden und ob sie nicht doch zu schräg seien. Die Zeiten, wo der Affengeist sich wichtigmachte, die gab es auch. Und sie lernte, auch diese Zeiten anzunehmen. Wenn also der Verstand wieder einmal meinte, wichtig zu sein, kontrollieren zu wollen und Antworten auf ungestellte Fragen zu erhalten, dann bremste Marie sich gnadenlos selbst aus. Das ging manchmal besser, manchmal verfiel sie in den alten Kampfmodus. Meistens verweilte sie jedoch nicht mehr allzu lange darin, weil sie das Gefühl, das sie dabei hatte, rasch einordnen konnte und dieser alten Falle entkam. Gleichzeitig konnte sie dadurch erkennen, wie beglückend fließende Schreibphasen waren – und sie lernte diese zu schätzen.

Es wurde ihr mehr und mehr gleichgültig, was aus der Außenwelt kam, ob ihre Texte gutgeheißen würden, wer sie las und was er damit machte. Sie hatte ihren Auftrag und den erfüllte sie mit ganzer Kraft, die aus ihrem Inneren kam. Und sie wusste, dass sie wahrgenommen würde, wohl auch weil sie sich selbst wahrnahm und weil sie bereit für Präsenz war. Sie wusste um die Verbindung von innen und außen zutiefst Bescheid.

Mittlerweile war Marie Schreiben, und Schreiben war Marie. Beides war eine eigene Welt, fern von Klagen, Jammereien, Banalitäten, Erwartungen, Opferdasein, Krankheit und unerfüllten Wünschen. Wenn Marie schrieb, war sie erfüllt – von allem, was sie hier und jetzt brauchte. Und so schuf sie jedes Mal ihr eigenes Universum.

Marie hatte das Empfinden, sich und alles, was ihr wichtig war, gefunden zu haben. Es war vorbei mit dem Alten, mit dem Ringen, dem zähen Kämpfen, dem Gebremstwerden, dem Unterdrücktwerden. Das Alte war abgeschlossen. Es gab keine Wiederholung von Leid und Schmerz mehr. Die Türe zur Vergangenheit war geschlossen und versiegelt. Alles war für die Freiheit und das Leben ihres Traumes angerichtet.

Marie war frei, war gut genug, wertvoll, wahrgenommen und herzlich willkommen, weil sie nichts anderes machte, als sie selbst zu sein. Sie hatte sich ihr Reich in sich geschaffen und lebte alles, was ihr wichtig war, beim Schreiben im Schreiben – in Büchern, in Essays, in ihrer wöchentlichen Kolumne, in speziellen Themenprogrammen, in Textserien. Mit dieser inneren Freiheit wurde einer der großen Träume Maries wahr. Und – es gab eine hohe Übereinstimmung mit ihrem Auftrag.

Schreiben war auch mit einem weiteren langgehegten Wunsch verknüpft, der sich für Marie erfüllte. Sie wünschte sich seit vielen Jahren, im Radio ihre eigene Sendung zu haben – in der sie ihren Gedanken freien Lauf lassen und richtig gute Musik spielen konnte. Wo immer sie diese Idee vorstellte, sie wurde nicht aufgegriffen. Die Zeit war wohl noch nicht reif dafür. Doch Marie gab den Wunsch nie auf. Sie glaubte unerschütterlich, dass sich irgendwann eine Möglichkeit auftun würde. Denn: Marie liebte das Radio – viel mehr als das Fernsehen und Videos im Internet. Ja, ab und an machte sie Videos. Selten ging sie zu TV-Aufnahmen. Beim Radio empfand sie das gänzlich anders. Für Marie war Radio etwas Intimes. Sie war mit ihrem Publikum alleine. Die Vorstellung, dass ihr zahlreiche Menschen lauschten, ihren Gedanken folgten und auch etwas mitnahmen, beflügelte sie immer wieder. Aber bisher durfte sie nur Beiträge von zwei, drei Minuten beisteuern. Und dann, auf einmal, aus dem Nichts, bekam sie die Möglichkeit, eine ganze Stunde ihre eigene Sendung zu machen, deren Inhalt nur sie bestimmte. Zudem durfte sie auch noch die Musik dazu aussuchen. Es war so, als ob die Radiogöttin ihr größtes Füllhorn ausgepackt und nach Jahren über Marie ausgeschüttet hätte.

Sie liebte ihre wöchentliche Abend- und Morgensendung. Das Publikum und sie waren zum Tagesausklang und zum Tagesbeginn durch ein magisches Band miteinander verbunden. Sie befanden sich in einem Ton- und Klangkokon. Marie suchte die Themen mit Freude aus und produzierte die Sendungen selbst. Sie liebte die Vorbereitungen, die Überlegungen und die Gedanken im Vorfeld einer Sendung.

Marie wollte so unabhängig wie möglich agieren. Sie wusste, mit ihrer Stimme, einem besonderen Instrument, berührte sie Menschen, vor allem wenn sie sich auf ihre Texte fokussierte. Und das war ihr wichtig. Dann fielen ihre Gedanken auf fruchtbaren Boden.

Manche ihrer Zuhörer meinten, ihre Sendung sei eine Form von Beratung, von Coaching. Marie mochte beide Begriffe nicht. Ja – wenn es so gesehen werden wollte, gerne. Sie benutzte die Worte nicht mehr. Sie erschienen ihr viel zu abgegriffen und abgeschmackt. Marie begleitete Menschen gerne. Das „wie" war ihr mittlerweile gleichgültig geworden. Es war alles doch nur eine Form, die sie jederzeit ändern konnte. Dabei ging es ihr doch immer um den Inhalt – also um ihre Gedanken. Damit hielt sie nicht hinter dem Berg. Andere erkannten auch in ihren Lesungen und Lesungskonzerten eine therapeutische Wirkung. Und wenn schon, dachte Marie ...

Marie hielt auch wieder sehr gerne ihre Vorträge. Sie hatte ihr Themenspektrum und versuchte so, Menschen ihre Botschaften näher zu bringen. Damit konnte sie mehr die Verstandesmenschen ansprechen. Sogenanntes altes Wissen wurde in ein bekanntes Format gestellt und mit neuem Wissen kombiniert. Die alten Trennungen waren eben die alten Trennungen. Marie hatte aber einen neuen Weg der Verbindung von Intellektuellem und Spirituellem gefunden und war derart von der Stimmigkeit überzeugt, dass sie das sehr klar und einfach erläutern konnte. Und die Menschen nahmen es ihr ab.

Damit und mit ihrer breiten Erfahrung gelang es ihr, auch Unternehmen und Institutionen anzusprechen. Sie war als kritischer Geist bekannt, der mit viel Verve und Lust ihre Botschaften weitergab. Beide waren ihr auch hierbei herzlich willkommen – die Herzensmenschen und die Verstandesmenschen. Marie liebte sie, erreichte ihre Herzen und diskutierte leidenschaftlich mit jenen, denen der Verstand wichtiger war. Sie musste nicht mehr werten und sagen, was denn nun wichtiger war, das intellektuelle oder das spirituelle Wissen. Beide durften sein. Das erleichterte ihr vieles. Vor allem konnte sie damit auch ihr altes Wissen und ihr altes Leben würdigen. Sie musste sich nicht davon verabschieden, sondern konnte es weiterentwickeln, ausbauen und mit vielen neuen Gedanken verbinden. So ging sie auf die Menschen zu, und sie kamen gerne zu ihr.

Marie hatte damit die beste Lösung gefunden, um auch ihrem intellektuellen Anteil Gehör zu verschaffen. Das erschien ihr wichtig. Sie wollte möglichst viele Menschen ansprechen. Nicht jeder ist künstlerisch interessiert und kann mit Spirituellem etwas anfangen. Nicht jeder liest gerne, viele hören lieber zu. Marie konnte mit ihren Themen, die immer am Puls der Zeit lagen, Menschen informieren und sie zum gedanklichen Wandel animieren und inspirieren.

Und dann gab es natürlich noch die künstlerische Marie. Sie stand gerne mit ihren Lesungen und Lesungskonzerten auf der Bühne. Dabei hatte sie das Empfinden, ihr selbstgewähltes Kloster zu verlassen, diese Atmosphäre der Stille und der Ruhe. In Lesungen und Lesungskonzerten konnte sie Menschen auch ihre dichten Texte vermitteln, da sie immer wieder etwas zur Entstehung der Texte preisgab. Marie liebte diese Momente auf der Bühne, Menschen direkt gegenüberzustehen, sie zu berühren, sie zum Nachdenken anzuregen und zu inspirieren. Wenn sie in entspannte Gesichter blickte und ihr Ruhe entgegenstrahlte, oft namenlose Ruhe und Gelassenheit ... das waren beglückende Momente für sie.

Wenn sie Lust dazu verspürte, bediente sie sich ihrer unterschiedlichen Fähigkeiten und nahm das eine und andere schauspielerische Element im Vortrag dazu. Es war die spielerische Darstellung, die sie mochte – sich auszuprobieren, sich überraschend darzustellen und dem Text und ihren Gedanken damit eine eigene Note zu geben.

Vor allem die Musik trug ihre Gedanken, gab der Tiefe des Wortes eine gewisse Leichtigkeit. Zudem war die Musik ihr in all den Monaten zu einer der wichtigsten Begleiterinnen geworden, weil sie sich in der Musik wiederfand wie im Schreiben. Sie war keine begnadete Musikerin, spielte das eine und andere Instrument leidlich – es war mehr ein Zupfen und Klimpern. Doch Marie hatte ein feines Gehör und ein tiefes Empfinden, was ihr die Musik sagen wollte – fern jener Botschaften, die so mancher Komponist gerne mitgab und meinte, mitgeben zu müssen. Marie las in der Musik ihre eigenen Botschaften. Bach, Händel, Mozart, Schubert, Beethoven, Brahms, Bruch, Chopin, Schostakowitsch standen ganz oben auf ihrer Liste. Sie konnte diese Musiker fast wahllos hören, wenngleich sie natürlich je nach Stimmung ihre Lieblingsstücke hatte.

Doch es gab so viele andere Stücke und Künstler, die sie ebenso berührten. Soul und Jazz, Improvisationen, immer mehr der Kontrabass mit seinen tiefen, satten Schwingungen und das Cello mit seiner Eigenart und seinem Zauber, und dann das Schlagzeug mit den unterschiedlichen Klang- und Rhythmusmöglichkeiten ... Auch dies führte sie näher an das heran, wofür sie wieder hierhergekommen war. Marie konnte sich in der Musik auflösen, ihren Bewusstseinszustand verändern und in Bereiche reisen, die ihr bislang unbekannt waren.

Dies geschah teilweise während ihrer Auftritte. Anfänglich fühlte sie sich losgelöst und fremd. Sie hatte Schwierigkeiten, nach der Musik wieder zu ihren Texten zurückzukehren und diese zu interpretieren. Auch wenn ihr Publikum es nicht merkte, für sie war es, als schlüpfte sie immer wieder in unterschiedliche Gewänder.

Hinzu kam die Energie, die vom Publikum ausging. Zu Beginn war die Energie aufgewühlt, da viel „von draußen" mitgebracht wurde. Man konnte zwar den Mantel an der Garderobe abgeben, jedoch nicht die Energien, die man im Laufe des Tages und zuvor angesammelt hatte. Marie musste dann selbst die Ruhe halten und gleichzeitig eine positive Spannung aufbauen und diese auch halten. Nach einiger Zeit ging dies wie von selbst. So konnte sie die Energien aus dem Publikum zwar wahrnehmen, doch sie schaffte es, dass diese vor ihr Halt machten und sich nicht mit ihren Energien vermischten. In dem Moment, in dem Marie völlig in ihren Texten und der Musik aufging, hatte sie eine Verbindung mit dem Publikum auf einer neuen Ebene hergestellt.

Das erwies sich als das Geheimnis, um auch im Publikum eine Grundruhe zu schaffen. So entspann sich immer wieder ein heiliger Raum, den Marie als solchen bezeichnete, ein Raum für neue Möglichkeiten und für Ruhe. Bei ihren Auftritten konnte man eine Stecknadel fallen hören, so still war es, so aufmerksam und gleichzeitig entspannt war ihr Publikum. Ja – ihre Texte waren anspruchsvoll. Manche meinten, sie sei die Frau fürs schwere Fach. Nun denn, wer in seiner Existenz herausgefordert wurde, der schreibt selten etwas Locker-Leichtes. Existentielles stellt oft Bequemes und Bekanntes infrage. Und doch bewahrte Marie sich auch eine Prise Humor und gab der Poesie gegenüber den harten Fakten den Vorzug.

Auf der Bühne zu stehen war für sie auch eine Form von Inspiration, von Möglichkeit, ins Gespräch zu kommen und neue Ideen zu erhalten. Marie konnte sich ihre Partner mittlerweile aussuchen.

Nach vielen Jahren, in denen sie den Rahmen für andere geboten hatte, war es nun an der Zeit, selbst Rahmen und Inhalt zu sein. Die Musik war wichtig, doch im Zentrum stand Marie mit ihren Gedanken. Als sie erkannte, dass die meisten ihrer bisherigen Partner Trittbrettfahrer waren, zog sie Schlussstriche. Übrig blieben weniger als eine Handvoll an Kollegen, mit denen eine Zusammenarbeit auf Augenhöhe möglich war, menschlich, künstlerisch und wirtschaftlich-organisatorisch. Auf dem Weg zu dieser Erkenntnis durfte Marie einiges an Erfahrungen sammeln ... Nun, die wollte sie nicht mehr wiederholen, wozu auch. Sie konnte jede Bühne auch allein füllen, mit ihrer Persönlichkeit, ihrer Art, Gedanken zu präsentieren und das Publikum für sich einzunehmen, durch ihre Pionierhaftigkeit und Einzigartigkeit.

Als sich die Anfragen häuften, fand sich auch ein Manager. Er war einfach da, und die Zusammenarbeit entwickelte sich rasch zu einer Erfolgsgeschichte für beide. Man muss nur den richtigen Zeitpunkt für alles abwarten können.

Und dann ergab sich noch etwas: Marie hatte in ihrem ersten Leben oft Führungskräfte beratend begleitet. Immer wieder wurde sie nun gefragt, ob sie wieder Einzelgespräche anbieten könne, sie hätte dies doch so viele Jahre gemacht. Marie überlegte und kam zu dem Schluss, dass es einen Versuch wert sei. Dabei ging es viel mehr um ein konzentriertes

Zuhören denn um das Erteilen von klugen Ratschlägen.

Auch dieses Standbein entwickelte sich zusehends. Marie wurde von ihren Klienten empfohlen und weitergereicht. Sie fand in den Gesprächen eine tiefe Befriedigung, da sie ihre Erfahrungen weitergeben konnte.

Alle bisherigen Widersprüche – es kann nur das eine und nicht das andere sein –, all das löste sich mehr und mehr auf. Marie war alles in einer Person: Schriftstellerin, Vortragende, Beraterin. Es gab diese Trennungen in ihr nicht mehr. Daher gab es sie auch in ihrer äußeren Welt nicht mehr. Endlich war die Verbindung zwischen den Welten gegeben.

Marie wusste tief in ihrem Inneren: Nun war ihre Zeit gekommen. Sie lebte ihren Traum und verband Welten. Marie wollte dabei sie selbst sein, ohne Getue, in ihrer größtmöglichen Freiheit. Eines bedingte das andere. Was sich einfach liest, war ein jahrelanger Prozess. Und wird wahrscheinlich nie abgeschlossen sein, weil auch hier gilt: Der Weg ist das Ziel.

Was Marie jedoch gelang, war, sich zu finden, zu strukturieren und diese biegsame, weiche und gleichzeitig stabile Struktur mit Leben und mit Inhalt zu füllen. Dieser Inhalt konnte variieren. Doch im Wesentlichen blieb die Stetigkeit, die sich Marie so sehr gewünscht hatte.

Sie wusste um ihren Auftrag. Sie wusste um ihren Traum. Und beides lebte sie jeden Tag ein Stück mehr, ein Stück leidenschaftlicher. Marie war nun dafür bereit, zu erfahren, was die Kunst des geglückten Lebens ist.

Träume können nur in innerer Freiheit gelebt werden. Dann wird Leben zu dem, was vom Kosmos vorgesehen ist – eine Möglichkeit zum Wachstum und zur Ausweitung.

DIE KUNST DES LEBENS

„Immer ein Abenteuer"

Abschlüsse im Sein gibt es nicht. Der Weg war Maries Ziel. Dessen war sie sich in den vergangenen Monaten klar geworden. Sie hatte es auch mit dem Herzen erfasst. Was ist schon Abschluss? Was heißt schon Ende? Marie hatte erfahren, dass es immer weiterging. Sie war durch unterschiedliche Stadien ihres Seins gegangen. Manches Mal hatte sie sich dahingeschleppt und wurde durchgeschüttelt. Es gab Tage, da ging einiges so gar nicht glatt. Es gab Momente, in denen sie haderte, zweifelte, zornig fragte und wütend auf alles und jeden war. Gelegentlich war sie enttäuscht – ein Ausdruck, dass sie zu viel erwartete und das Ego sich wieder einmal wichtigmachte.

Gleichzeitig wusste sie sich von einer unsichtbaren Hand getragen und geführt. Sie wusste nicht, wie es geschah, und es war ihr auch gleichgültig. Warum sollte sie die göttliche Führung dauernd hinterfragen? Wichtig war, dass sie auf ihrem Weg zügig und achtsam einen Schritt vor den anderen setzen konnte. Rhythmus und Takt brauchten Zeit, bis sie sich einpendelten und bis Marie sich auf sie einstellte.

Ihr Fundament war mittlerweile stabil geworden. Hätte man Marie das vor einigen Monaten gesagt, so hätte sie abgewehrt. „Nur nicht stabil, das ist starr, unbiegsam, und ich will raus, will Freiheit haben", das wäre vermutlich Maries Antwort gewesen, wahrscheinlich auch in einem ziemlichen deutlichen Tonfall, um keinen Zweifel offen zu lassen.

Heute war dies gänzlich anders. Ihr war klar, dass sie gerade aus der Stetigkeit ihre Freude und Freiheit gewann. Dieser scheinbare Widerspruch war für sie vollständig aufgelöst. Sie hatte es in ihrem Leben erfahren und sie wusste, wie wichtig ihr inneres Fundament war.

Wenn Marie ihr Ich nur noch auf ihren innersten Kern im Herzen richtete, wurden alle anderen Identifizierungen zu Geschichten. Nichts anderes waren sie. Kleine und große Geschichten aus 1001 Nacht, die sie sich seit Urzeiten erzählte. Ihr war bewusst geworden, dass der Stoff der alten Geschichten nicht die Grundlage für neue Geschichten sein konnte. Es wären reine Wiederholungen von etwas, das für sie auserzählt war. Und ihre Welt war bereit für Neues.

Marie hatte dafür ihre Arme weit geöffnet. Und siehe da, sie hatte erhalten. Und Marie konnte geschehen lassen, im tiefen Wissen, dass ihr das, was ihr bestimmt war, zum richtigen Zeitpunkt zufallen würde. Sie hatte Gedanken, Gefühle und Taten, also innen und außen, immer mehr in Übereinstimmung gebracht. War dies einfach? Nein, keineswegs. Doch irgendwie ging es trotzdem leicht. Sie war wie eine Gärtnerin. In ihrem Garten gab es immer etwas zu tun, zu säen, zu pflegen, zu jäten, zu ernten, zu genießen, zu bestellen.

Sie musste achtsam sein und beobachten. Sie musste zugreifen und empfangsbereit sein, wenn die Lieferung vor ihrer Türe stand. Wie oft hatte sie durch hektisches Tun und äußere Betriebsamkeit Lieferungen gar nicht wahrgenommen?! Was war ihr alles entgangen? Nun – jetzt war es anders. Marie fühlte sich getragen und in ihrer Existenz absolut sicher. Daher musste sie sich in der Außenwelt nicht mehr unnötig wichtigmachen. Das empfand sie mittlerweile als anstrengend und auch lächerlich.

Marie fand auch immer mehr Zeit, sich mit jener Frage auseinanderzusetzen, die sie seit ihrem letzten Krankenhausaufenthalt beschäftigte und nie losließ: „Wie sieht mein geglücktes Leben aus?" Nein, nicht herumphilosophieren und Angelesenes wiederkauen. Keine schlauen Seminarinhalte unkritisch wiedergeben. Keine flapsigen Sätze über Bonusrunden und Sondergeschenke – sondern vielmehr das Leben in seiner gesamten Vielfalt und Vielschichtigkeit, in Licht und Schatten wahrnehmen und beobachten, was im Inneren geschieht und wie es sich in der Außenwelt zeigt. Marie war schlicht froh und dankbar, am Leben zu sein und ihr Sein zu leben. Sie lebte mehr denn je bewusst, sah in allem ein Wunder und eine kleine und große Offenbarung. Marie wusste um die Gnade, die ihr widerfahren war. Sie wusste auch, wie sie mit dieser Gnade jetzt umgehen musste. Sie konnte sie nicht aufsparen. Dann wäre sie verloren.

Also – wie sieht Maries geglücktes Leben aus? Gibt es auf diese Frage überhaupt eine Antwort? Musste es darauf eine Antwort geben? Gibt es mehrere Antworten auf diese Frage, die vielleicht die Frage aller Fragen ist?

Die Antwort veränderte sich immer wieder für Marie. Es zeigte sich ein Kaleidoskop, eine Farbsymphonie, die ihr Antworten anbot, jedoch war nichts Verbindliches dabei. Zuerst war Marie enttäuscht, denn sie erwartete – wieder einmal – Sicherheit. Doch dann wurde ihr mehr und mehr gewahr, dass Sicherheit eine Fiktion aus der Außenwelt war, die eher Unsicherheit bot. Ja – das Streben nach Gewissheit und Sicherheit war die größte Fessel, die sie sich anlegen konnte.

Die Antwort kam auch immer dann, wenn Marie nicht bewusst danach fragte, wenn sie einfach nur dasaß und atmete, wenn kein Mobiltelefon eingeschaltet war und sie das Internet einfach Internet sein ließ. So sehr sie die neuen Medien mochte, lenkten sie doch von ihr selbst ab. Sie führten sie vom Leben weg, wenn sie nicht aufpasste.

In einem dieser Nichtsmomente war Marie klargeworden, wer sie wirklich war: ein unsterbliches

Seelenwesen, das Welten verbindet, sich unendlich geliebt fühlt und voll Freude bereit ist, präsent zu sein.

Nein – dieses Mal war es kein Verstandeswissen, sondern es war purer Herzensverstand und reines Weisheitswissen. Was sie also schon seit Monaten wusste und sich mantraartig immer wieder vorgesagt hatte, war nun in ihr angekommen. Das war genau der Platz, wo diese Erkenntnis hingehört. Nur dort hin ... Von dort aus konnte sich alles in der Außenwelt zeigen. Und dann traten innen und außen in einen harmonischen Tanz.

Marie fand heraus, dass damit ihre Seele alterslos und ewig war. Daher hatte sie auch keine Angst mehr vor dem physischen Altern. Es war Teil des Ganzen. Sie konnte es herzlich willkommen heißen. Damit war es auch schon wieder unbedeutend für sie.

Was so platt klang, war von einer unglaublichen Schönheit und Tiefe. Denn – wenn sie alles in der Außenwelt losließ, so blieb Marie im Kern ihres Wesens bestehen. Das scheint unvorstellbar. Doch nichts und niemand konnte diesen Kern Maries zerstören: Ausgrenzung, Ignoranz, Hasstiraden, Pressekampagnen oder Unfälle konnten diesem inneren Kern nichts anhaben. Und nichts konnte ihr in der Außenwelt die Sicherheit geben, die sie in ihrem Inneren spürte.

Marie war erfüllt davon, Menschen zu zeigen, dass die Verbindung zwischen Welten sie zu ihrem inneren Kern führt. Marie war erfüllt von ihrer Beziehung und dem, was sie in dieser Beziehung jeden Tag aufs Neue erlebte. Marie war voll Freude präsent und wahrhaftig. Und sie war gern auch Vorbild.

Ihr war bewusst geworden, dass das Leben es immer gut mit ihr meinte und immer auf ihrer Seite war und sein wird. So war es leicht für sie, in ihrer eigenen Form und in ihrem Inhalt präsent zu sein. Damit gestaltete sie ihr Leben jeden Tag aufs Neue, bewusst und dankbar für alles, was bislang geschah. Zweifel waren miteingeschlossen, denn diese waren Teil des Ganzen und führte sie in die Bedingungslosigkeit ihres Daseins.

Seit dieser Zeit „ganz weit da draußen" wusste sie tief im Innern, dass sie geführt wurde. Das bedeutete, dass sie Wesentliches ungesagt lassen musste und nur annehmen konnte.

Und doch setzte sie ihr Sein in Beziehung zu diesem unsagbar Großen. Sie fühlte sich aufgefordert, sich jeden Tag aufs Neue einzulassen und die Begegnung mit sich und ihrem Umfeld mit offenem Herzen und wachem Verstand zuzulassen.

Ihr war bewusst geworden, dass ihre Fragen nie unverbrüchlich und verbindlich beantwortet wurden. Das war nicht der Sinn, das Sein zu durchschauen. Sie durfte es jeden Tag aufs Neue erobern, erfühlen, erkennen – so anstrengend dies an manchen Tagen für sie war, so sehr sie auch ab und an damit haderte.

Marie lebte mehr und mehr im Bewusstsein, dass es um Erfahrung, um Erleben, um Wachstum, um Ausweitung, um das Leben schlechthin ging. Das lässt bekanntermaßen auch immer wieder einiges unbeantwortet. Sie wurde mehr und mehr die mutige und vertrauensvolle Abenteurerin, die leidenschaftlich Findende, die Unerklärbares auch unerklärt lassen konnte. Nein, sie fühlte sich nicht aufgespannt. Sie befand sich auch nicht mehr in der Spalte zwischen Alt und Neu. Sie hatte das Niemandsland verlassen und ihren Platz im Sein, im Kosmos gefunden. Der Platz war nicht endgültig, denn diese Kategorie gibt es im Sein nicht.

Ihr Weg zur Schriftstellerin, Vortragenden und Beraterin war geprägt von der Erfahrung, dass ohne das Göttliche gar nichts geht. Dazu stand Marie, so mystisch dies für manchen klingen mag.

Das Göttliche war für sie nichts Personifiziertes, vielmehr war es der vielfältige Ausdruck des Seins. Dieses Sein geglückt zu leben, bedeutete für sie, dass sie ohne Führung durch die geistige Welt als Ausdruck des Göttlichen führungslos, orientierungslos und blind wäre. Sein ohne die Integration des Göttlichen, ohne das Göttliche zuzulassen, ist vielleicht möglich, jedoch für Marie nicht erfüllend. Diese Erkenntnis kann man bezeichnen, wie man will, nur nicht als beliebig und bequem, denn das Leben war für Marie nie bequem. Jede Zumutung erforderte von ihr Mut – hinzublicken, sich einzulassen, zu scheitern, zu erfahren und weiterzugehen.

Die Führung bedeutete für Marie, dass sie sich nicht mehr alleine abstrampeln musste, sondern auch Freude am Leben haben wollte – und die stand ihr zu. Das wusste sie tief in ihrem Inneren.

Für Marie stand das Göttliche selbst über allen Religionen. So war es ihr gleichgültig, welcher Richtung Menschen folgen.

Jeder ist in seine Lebenswirklichkeit hineingeboren. Sie ist der Startpunkt für den eigenen Weg. Gott hat nichts mit Dogma, mit Ideologie zu tun, sondern war Marie eine Richtschnur für ihr Handeln, die immer wieder von ihr in einem neuen Zusammenhang angelegt werden wollte. Es ist dieser Zusammenhang, der immer wieder anderes vorgibt und anbietet. Dies meint nicht Beliebigkeit, sondern sich selbst und den, der man ist, und das, was man tut, infrage zu stellen – im Sinne eines „Erkenne dich selbst".

Auch wenn viele Menschen ihre Religion wechselten, das Innere blieb. Die Göttlichkeit war und ist ewig. Die Interpretation in der Außenwelt mochte sich wandeln, der Kern blieb jedoch. Es sind Erkenntnisse des ewigen Lebens, ewig belebt und ewig lebbar.

Allen Menschen wird das Göttliche zugemutet. Es drückt sich u. a. im Wort aus.

Diese Betrachtung erschien Marie jedoch stark verkürzt. Die Sprache ist eben nicht ausschließlich wortgebunden – vor allem nicht für sie als Frau der Sprache. Für sie war Ausdruck etwas Ganzheitliches, das durch das Andere erst zu dem wurde, das sie beflügelte, das sie erkennen und verstehen ließ und das ihr die Wahl, die Entscheidung und die Gestaltung ermöglichte.

Daher formten für Marie auch Bilder, Klänge und Töne eine Sprache, die über das Wort hinausgeht und einen Ausdruck erlaubt, der dem Wort alleine verschlossen bleibt, ja verschlossen bleiben muss. Es geht dabei nicht um ein Entweder-oder, sondern vielmehr um ein Sowohl-als-auch.

„Welche Sprache erwächst aus meinem Sein?", fragte sich Marie. Letztlich ist Maries Sprache klar, bestimmt, einfach, konkret, nachvollziehbar. Sie fordert zum Leben auf. Sie fordert auf, das Leben bewusst zu erkennen und zu verstehen. Sie hilft, Entscheidungen zu treffen und zu diesen Entscheidungen auch zu stehen und gestaltend aktiv zu sein. Es ist dabei immer der Zauber des Anfangs, der uns führt. Wer nun – Marie oder die Sprache – oder gar beide? Buchstabieren beide Leben, Schreiberin und Geschriebenes? Ist eine Trennung überhaupt sinnvoll? „Marie – nicht noch weitere Fragen!", tönte es von irgendwo. „Lass uns weitergehen."

Und dann, dann war Marie der Aufbruch möglich, ins Unbekannte – im Stillen geführt. Es war ein Gehen, das keineswegs reibungslos vor sich geht. Es gab in dieser Zeit zahlreiche Aufs und Abs, schlaflose Nächte, sorgenvollen Tage. Solange, bis Marie erkannte, was hinter all diesen Zumutungen steckte.

Was wurde für Marie erkennbar? Jeder Tag wurde zum Aufbruch im Aufbruch, zum Neubeginn im Neubeginn. Dieser Neubeginn kam immer und ausnahmslos aus ihrem eigenen Inneren.

Selbst wenn sie meinte, der Impuls sei von außen gekommen, nein, er war unbewusst im Inneren schon vorhanden.

Berührte einen der Finger Gottes? Marie dachte dabei immer an das bekannte Gemälde von Michelangelo, auf dem zwischen Adam und Gott ein kleiner Spalt gelassen ist. Nichts und niemand steht zwischen dem Göttlichen und dem Menschen, außer sie dachte sich jemanden in diesen Spalt hinein. Ansonsten wurde sie direkt von der Gegenwart des Göttlichen angesprochen.

Vieles passierte dabei einfach, und Marie konnte es im Nachhinein gar nicht richtig zeitlich und räumlich festmachen. Marie konnte „es" nicht machen. Wenn sie es auch nur leise versuchte, dann war sie schon gescheitert. Es geschah, wenn sie es geschehen ließ. Einmal still sein. Einmal Ruhe geben und lauschen ... Und die Zumutung manch göttlicher Fügung ist immer vorhanden – bloß fehlen oft der Mut und das Vertrauen, diese Fügung zu erkennen ...

Marie fragte sich, ob man, um zum Göttlichen finden zu können, erst davon weggehen muss. Die Abwesenheit ermöglicht Erkennen? Ja – es ist die oftmals kritisierte Polarität im menschlichen Sein, die uns das Erkennen des anderen erst ermöglicht. Das Licht braucht den Schatten. Der Tag braucht die Nacht. Heiß braucht kalt.

Alleine diese Beispiele reichten für Marie bereits, um die Botschaft erkennbar zu machen. Das eine kann ohne das andere nicht sein. Weggehen, um anzukommen. Sich hinterfragen ... Sich nur auf eine Seite zu begeben und die andere Seite zu verleugnen, hieß für Marie, sich zu begrenzen, sich etwas schönzureden, schönzudenken, schönzufühlen. Gleichwohl – die andere Seite bleibt, ob wir sie wollen oder nicht. Erfahrungsgemäß baut sich die abgelehnte Seite sogar noch mehr auf und begegnet uns in dem, was wir als Leben wahrnehmen, immer vehementer.

Solange, bis sie „Ja" zum Leben sagte, ein schlichtes, kraftvolles Ja. Nicht mehr, nicht weniger. Und das war gelegentlich eine brisante Herausforderung. Dabei ist das „Ja" um zwei Buchstaben kürzer als das „Nein". Es braucht also nur halb so viel für den Schwung als für die Blockade ... einfach zum Hineinfühlen ... was macht das in mir?

Was Marie sagen wollte, war, dass es sehr wesentlich ist, auch alle anderen Seiten zu sehen und dann zu erkennen, dass alles Ausdruck des Göttlichen ist. Nicht nur die sogenannt schönen, angenehmen Seiten, die Feel-good-Dinge, das Rundum-sorglos-Paket, die Komfortzone, die Federbetten unseres Seins.

Dann ist das Leben keine Zumutung im Sinne einer zornigen Entrüstung, sondern eine schlichte Umschreibung dessen, was auch ist und was nur durch unsere Wertung und Beurteilung, unsere Abtrennung zu dem wird, wie wir es sehen: schlecht, hässlich, abstoßend, verabscheuungswürdig, ein Abgrund seiend ... nackt und ganz ohne Rüstung ...

Maries Sein war und ist vielfältig. Es stellte sie vor verschiedenste Herausforderungen. Es stellte ihr Fragen, die oft mit einer Infragestellung des bisherigen Selbst verbunden waren und sind. Gerade dies wurde für sie zu einem der wesentlichen Prozesse, um dem nahezukommen, wofür sie hier ist, um zu wachsen, um sich auszuweiten, um zu erkennen, um zu verstehen, und das alles wieder zu leben und dann mit dem nächsten Wachstumsschritt weiterzugehen. Dies ist ein nahezu endloser Prozess.

Aus der Zumutung wurde für Marie Mut. Mut, den nächsten Schritt auf ihrem Weg zu tun, denn mehr war nicht erforderlich, um die Kunst eines geglückten Lebens zu leben. Daran wuchs sie und sie wächst daran nach wie vor. Daraus erwuchs ihr Vertrauen, das die Grundlage für ihren Mut war, den nächsten Schritt zu tun.

Die Kunst des Lebens ist und bleibt ein Abenteuer. Dieses Abenteuer ist nie zu Ende. Für Marie ist es nie langweilig, immer voll von Überraschungen, jenseits aller sogenannter Pläne und Ziele. Sein ist daher ein dauerhaftes Wachstum im Fluss.

Zudem erkannte Marie mit ihrem Herzensverstand, dass sie als Seele unsterblich war. Was für eine tröstliche Erkenntnis?! So begann Marie, aus tiefstem Herzen zu lieben ... Sie war Ausdruck ihrer selbst, ihres Seins. Und das veränderte sich immer wieder, weil sie sich ausweitete und wuchs. Alles war ihr dadurch möglich.

Was für eine Perspektive?!

Was für ein

Leben!

Luca Rohleder

Die Liebe empathischer Menschen

Die Gratwanderung zwischen wahrer Liebe und seelischen Verletzungen

ISBN 978-3-9817975-8-9

Uma Ulrike Reichelt

Schnell und sicher ins Burnout

5 Glücksgesetze, die Sie missachten müssen, um schnell alt, krank und unglücklich zu werden

ISBN 978-3-9818928-4-0

Silvia Christine Strauch

Meine Hochsensibilität positiv gelebt

Persönliche Einsichten aus einem langen, bewegten Leben

ISBN 978-3-9817975-0-3

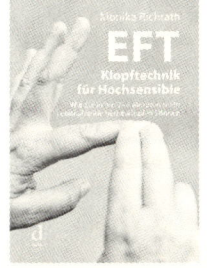

Monika Richrath

EFT Klopftechnik für Hochsensible

Wie Sie in nur 2–5 Minuten mehr Lebensfreude herbeiklopfen können

ISBN 978-3-9817975-4-1

Dieter L. Schmich
In 4 Wochen zum besseren Job
Durch zeitgemäße Bewerbungsstrategien
schneller zum Erfolg
ISBN 978-3-9815711-0-3

Luca Rohleder
Jobsuche in schwierigen Fällen
Mit Bewerbungen im verdeckten Stellenmarkt
Handicaps erfolgreich kompensieren
ISBN 978-3-9818928-0-2

Michaela Schubert
Essstörungen – Was ist das?
Das ABC der Magersucht, Ess-Brech-Sucht
und Essanfallstörung
ISBN 978-3-9818928-2-6

Dieter L. Schmich
Jobsuche mit 45plus
Im besten Alter gelten andere Bewerbungsregeln
ISBN 978-3-9815711-3-4

Luca Rohleder
Die Berufung für Hochsensible
*Die Gratwanderung zwischen
Genialität und Zusammenbruch*
ISBN 978-3-9815711-4-1

Leila Christiane Jäger, Anette Koestner
Sprich mit deinem ungeborenen Kind
*Mit Meditationstechniken erfahren,
wie es dem Baby geht und was es möchte*
ISBN 978-3-9817975-2-7

Sandra Tissot
**Hochsensibilität und die
berufliche Selbstständigkeit**
*Wie sich ein Sensibelchen selbstständig machte und
seine Lösung für das hochsensible Berufsleben fand*
ISBN 978-3-9817975-6-5

Dieter L. Schmich
Entdeckt werden statt bewerben
Sicherheit und Karriere durch Networking
ISBN 978-3-9815711-5-8